rororo rotfuchs

Herausgegeben von Renate Boldt und Gisela Krahl

Hansjörg Martin: ursprünglich Maler und Grafiker; nach dem Krieg Clown, Journalist, Bühnenbildner und Dramaturg; seit 1962 freier Schriftsteller; Arbeit für Schulfunk und Fernsehen; schreibt Kriminalromane (rororo thriller) und Kinder- und Jugendbücher («Überfall am Okeechobee», rotfuchs 4; «Das Krimi-Kabinett» [Hg.], rotfuchs 152; «Die Sache im Supermarkt», rotfuchs 144; «Das Gespenst von Altona», rotfuchs 220; «Herzklopfen» [Hg.], rotfuchs 241; «Die Sache im Stadtpark», rotfuchs 286; «Das neue Krimi-Kabinett» [Hg.], rotfuchs 367; «Die Sache mit den Katzen», rotfuchs 344; «Es kommt ein Bär von Konstanz her» [Hg. zus. mit Boris H. Schmidt], rotfuchs 425, u. a.); lebt in Wedel bei Hamburg.

Gemeinsam mit einer Schulklasse versucht Martin hier eine unübliche Schreibweise. Neuartig ist weniger das fertige Buch als vielmehr sein Entstehungsprozeß. Die Schüler brachten mündlich und schriftlich so viele Einzelideen und Handlungsabläufe ein, daß das Buch in der Tat aus Gesprächen und Diskussionen entstand. Martin zeichnete sie mit dem Tonbandgerät auf und formulierte sie zu einer Geschichte, die wiederum Stück für Stück von den Kindern diskutiert wurde.

Die Schüler beharrten auf der Wahl einer Insel- und Feriensituation und der harmonisierenden Behandlung der auftretenden Konflikte. Sie entschieden sich deutlich für «gemischte» Charaktere und gegen personifizierte Eigenschaften (Typen) und wollten, daß die Personen Entwicklungen durchmachen. Die halbjährige Arbeit hat die zufällig in einer Klasse sitzenden Schüler des Hamburger Wohnbetonviertels Osdorfer Born zu einer Gruppe mit starkem Selbstbewußtsein werden lassen. In den Figuren spiegeln sich die Charakterzüge mehrerer Schüler. Dies und natürlich die Aussicht, ein «richtiges» Buch für andere Kinder ihres Alters zu schreiben, motivierte die Schüler in besonderem Maß.

68.–71. Tausend August 1986

Originalausgabe
Veröffentlicht im Rowohlt Taschenbuch Verlag GmbH, Reinbek bei Hamburg, Oktober 1973 / Umschlagfoto Ulrich Kempf / rotfuchs-comic Jan P. Schniebel / Typographie und Ausführung des Umschlags Manfred Waller / Satz Garamond (Linofilm-Super-Quick) / Gesamtherstellung Clausen & Bosse, Leck / Printed in Germany /
580-ISBN 3 499 20040 6

Hansjörg Martin

Spiele auf Spiekeroog

geschrieben mit einer 6. Klasse

Fotos von Thomas Martin

rororo

Rowohlt

Dieses Buch schrieb Hansjörg Martin 1972/73 mit den Jungen und Mädchen der Klasse 6 A der Hamburger Volksschule Bornheide – und zwar:

Marita Backhaus
Beate Bisaga
Roswitha Breßel
Birgit Colle
Ralf Dehmel
Thomas Doebel
Cornelia Düsterbeck
Susanne Esterl
Thomas Freese
Susanne Göhring
Marcel Henschel
Birgit Holtappels
Cornelia Johanson
Joachim Klein
Verena Kojellis
Jörg Langeheine
Sylvia Langeheine
Ute Laskawy
Heidi Müller
Frank Olrogge
Jörg Pelz
Frank Pippow
Ulrike Riebau
Thomas Ruge
Torsten Rüting
Thomas Scheuch
Regina Schmeling
Gunder Schwemer
Holger Söhren
Walburga Stern
Jutta Tietkens
Annedörte Uekermann
Cathrin Vetter
Christiane Völkel
Stefan Weng
Brigitte Wimmer
und mit dem Klassenlehrer Dirk Mötting

Im Kino oder im Theater ist immer schon irgendwas los, bevor der Vorhang aufgeht. Da gibt's Musik. Oder es wird geklingelt. Auch im Kasperletheater singt manchmal schon hinter dem Vorhang der Kasper, ehe es losgeht. Und im Fernsehen sagt eine schöne Dame oder ein Herr mit Schlips vorher an, was dann kommt. Das geschieht, damit man weiß: Aha, jetzt fängt es an! Und damit man aufmerksam wird, sich zurechtsetzt und Augen und Ohren aufmacht. Bei Büchern ist das meistens anders. Da steht auf der ersten Seite: «Karlchen und seine Abenteuer mit dem Kaugummi», und dann geht's gleich los.
Hier, vor dieser Geschichte wollen wir erst mal klingeln, damit ihr aufmerksam werdet – und damit ihr merkt: Mit dem Buch hat es eine besondere Bewandtnis. Also: Klingling!

Es hat nämlich wirklich eine besondere Bewandtnis mit diesem Buch, nämlich:
Ich, der Autor oder Verfasser, habe früher immer allein an meinem Schreibtisch gesessen, habe mir Geschichten ausgedacht, habe Figuren erfunden, Jungen und Mädchen, Frauen und Männer, gute und böse Leute – und habe so für mich hingeschrieben, was mir einfiel. Diesmal aber habe ich gedacht, daß es doch viel besser wäre, wenn ich ein Buch für Kinder zusammen mit Kindern machen würde, weil ja sowieso oft das viel besser ist, was man gemeinsam macht, als das, was einer alleine macht. Also bin ich in eine Schule

gegangen und habe eine Klasse gefragt, ob sie nicht mit mir zusammen versuchen wollten, ein Buch zu machen. Die sechsunddreißig Mädchen und Jungen waren einverstanden. Wir haben uns gegenseitig beschnüffelt, haben festgestellt, daß wir wohl miteinander auskommen können – und haben uns an die Arbeit gemacht. Das war anfangs – und auch manchmal zwischendurch – ein bißchen schwierig, weil wir uns nicht immer einig werden konnten, aber wenn es verschiedene Meinungen gab (zum Beispiel darüber, ob die Geschichte dort spielen sollte, wo die Kinder zu Hause sind, oder ganz woanders), dann haben wir darüber geredet und schließlich abgestimmt, und dann ist immer das gemacht worden, was die Mehrheit wollte. Die große Mehrheit wollte, daß es eine Feriengeschichte werden sollte – also ist eine Feriengeschichte entstanden.
Ich habe dann von Woche zu Woche immer aufgeschrieben, was wir uns ausgedacht hatten, habe es in der nächsten gemeinsamen Arbeitsstunde vorgelesen, und meine sechsunddreißig Mitarbeiter haben mir gesagt, was sie gut fanden, was sie falsch oder doof fanden – und ich habe das geändert, was geändert werden mußte.
Das ist mehrere Monate lang so gegangen. Leider mußten wir ein paarmal längere Pausen machen – aber fertig geworden ist unser Buch doch. Wenn ich mal nicht da war, hat die Klasse auch allein an der Geschichte gearbeitet. Fünf sind gewählt worden, die einen Nachmittag lang in einem Waisenhaus waren, um sich alles genau anzusehen – denn wir wollten ja, daß unsere Geschichte auch stimmt. Alle haben großartig mitgemacht. Jeder hat einen wichtigen Beitrag zu der Geschichte geliefert. Allein hätte ich diese Geschichte niemals so gut hingekriegt. Die ganze Zeit über haben wir uns nicht einmal in die Wolle gekriegt und, das glaube ich, auch nicht eine Minute gelangweilt. Das war eine gute Zeit. Nun ist das Buch fertig. Ich finde, wir siebenunddreißig Verfasser sollten zufrieden sein und uns vornehmen, es das nächste Mal noch besser zu machen. Wir wollen aber auch dem Klassenlehrer, der Schulleiterin und der Schulrätin dankeschön sagen, daß sie uns haben miteinander arbeiten lassen!

Fünf auf einem Schiff

«Oh, Mensch, Bine, guck doch! Guck doch mal, was für ein Wummerschlitten!» rief der Junge, stieß das Mädchen, das neben ihm an der Reling des weißen Schiffes stand, mit dem Ellbogen in die Seite und zeigte aufgeregt fuchtelnd zum Kai.

Dort fuhr langsam ein großes schwarzes Auto heran – nein, es fuhr nicht, es schien zu schweben; völlig geräuschlos schwebte es über das Holperpflaster, glitt näher und hielt jetzt vor den großen Holzbehältern, in die zwei Männer in blauen Overalls Koffer, Reisetaschen, Kartons und alle möglichen anderen Feriensachen stapelten: Netze mit Bällen, ein zusammengelegtes Schlauchboot, Tennisschläger, Paddel und Bambusstangen in vielen Längen und Stärken und vieles mehr.

«Phantastisch!» sagte das Mädchen und vergaß vor Staunen, das Silberpapier vom Kaugummi abzumachen, den es sich gerade in den Mund stecken wollte.

Silberpapier schmeckt nicht. Es schmeckt nicht nur nicht, es schmeckt ganz ekelhaft, so komisch sauer-metallisch.

Sabine, Bine gerufen, spuckte.

«He!» schimpfte der Junge. «Paß doch auf! Bei solchem Wind kannst du nur spucken, wenn keiner in Lee steht.»

«Waas? Wo? Wo steht?»

«In Lee! Lee ist die Windschattenseite. Weißt du das nicht?»

«Nee, weiß ich nicht», sagte das Mädchen, puhlte sich vorsichtig die Silberpapierfetzen aus den Zähnen und schnipste sie über Bord.

Eine Möwe schoß darauf zu, schnappte sie aber nicht, als sie erkannte, was es war.

«Was ist denn das für 'n Auto, Dirk?» fragte Sabine jetzt.

«Ein Rolls-Royce», erklärte der Junge flüsternd.

Er flüsterte, weil aus dem Wunderwagen, der nur sechs oder acht Meter von den Kindern entfernt stand, ein Mann ausstieg, eine der hinteren Türen aufmachte und sie aufhielt.

«Paß auf», fuhr Dirk fort und flüsterte noch leiser: «Da kommt irgend 'ne hochgestellte ...»
Er kam nicht dazu, seinen Satz auszusprechen; denn statt der erwarteten ‹hochgestellten Persönlichkeit› kletterte ein dünnes Mädchen von zwölf oder dreizehn Jahren aus dem lack- und chromblitzenden Fahrzeug ... weiter niemand.
«Du kriegst die Tür nicht zu!» sagte Dirk verblüfft. «Guck mal die Kleine!»
Das Mädchen hatte eine Krokodilledertasche umgehängt, trug enge Wildlederhosen, einen dicken braunen Pullover und ein hellblaues, seidenes Kopftuch.
«Bringen Sie mein großes Gepäck dort mit unter, Herr Schramm», befahl das Mädchen dem Mann und wies auf die Holzbehälter. Am Handgelenk ihres ausgestreckten Armes klimperten mehrere Goldreifen. Die zwei Männer an den Behältern hatten ihre Arbeit unterbrochen und bewunderten den Luxuswagen und den Auftritt des Mädchens.
«Jawohl, Evelyn», nickte der Mann am Wagenschlag.
«... und meine Handtasche bitte an Bord!» sagte das Mädchen und ging auf den Steg zu, der vom Kai zum Schiff gelegt war.
«Jawohl, Evelyn», sagte der Mann am Wagenschlag, öffnete den Kofferraum des Wagens und hob zwei schweinslederne Koffer heraus, die an der Seite fingergroße silberne Buchstaben hatten: E. S.
«'ne Prinzessin oder 'ne Grafentochter oder so was ist das nicht», sagte Sabine. «Sonst wär da 'ne Krone über den Buchstaben auf den Koffern. Oder ein ‹v› dazwischen. E. v. S. oder so, verstehst du?»
«Aber Geld müssen die haben wie Heu», stellte Dirk fest. «Der Rolls-Royce kostet soviel wie zehn von unseren Volkswagen.»
«Ob die Evelyn – meine Güte, was für ein Name! – etwa auch auf den Islandhof will?» überlegte Sabine.
«Möglich», sagte Dirk.
«Das kann ja heiter werden», fuhr Sabine fort. «Wenn da lauter

Sprößlinge von so hochgestochenen Leuten rumhocken.»
Die beiden Arbeiter hatten die eleganten Koffer aus dem Rolls-Royce inzwischen verstaut. Das Fräulein Evelyn war im Mitteldeck des Fährschiffes verschwunden. Herr Schramm, der Chauffeur, brachte eine Reisetasche an Bord und suchte seine junge Herrin.
Sabine widmete sich wieder ihrem Kaugummi, und Dirk kletterte vom Oberdeck aus die schmale Treppe ins Innere des Schiffes, weil er hoffte, einen Blick in den Maschinenraum werfen zu können. Von den beiden unbemerkt waren inzwischen noch zwei andere Kinder unter mehreren Erwachsenen an Bord gekommen. Eines davon, einen lustig aussehenden Jungen, der weißblonde Haare und unzählige Sommersprossen hatte, traf Dirk an einer Luke im Schiffsniedergang. Von hier konnte man die mächtige Maschine sehen.
«Doller Apparat, was?» sagte Dirk zu dem Sommersprossigen, als er einen Blick auf die großen, blitzenden Kolben geworfen hatte.
«Hm ... dreizehntausend PS», sagte der Junge.
«Ehrlich? Dreizehntausend?»
«Ja, ungefähr soviel wie dreihundertfünfundzwanzig VW», bestätigte der Junge.
«Ungeheuerlich», sagte Dirk und fuhr nach einer kleinen Ehrfurchtspause fort: «Hast du eben den Rolls-Royce oben am Kai gesehen? Der kostet soviel wie zehn oder zwölf VW.»
«Hab ich nicht gesehen – aber ich glaube, ich kenne den schon. Stieg da so 'n zickiges Mädchen aus, mit großen Lederkoffern?»
«Ja – Evelyn», sagte Dirk.
«Heiliger Strohsack!» stöhnte der andere Junge und faßte sich entsetzt an die Stirn.
«Warum stört dich die?» wollte Dirk wissen.
«Ich fahre für zwei Wochen zum Islandhof auf der Insel», erklärte der Junge. «Und zwar mach ich das seit drei Jahren immer im Herbst und im Frühjahr – vorausgesetzt, daß mein Alter es genehmigt, verstehst du? – Und im vorigen Herbst war diese fürchterli-

che Evelyn auch da, allerdings nur eine Woche, und hat uns allen auf den Nerven rumgetrampelt, weil sie alles besser weiß, alles besser kann und zu Hause alles viel besser hat... Du machst dir keine Vorstellung! Sie ist die einzige Tochter eines Millionärs. Der hat Fabriken, wo sie aus Plastik Reißverschlüsse machen und Trinkbecher, Knöpfe und Nachttöpfe und was weiß ich, ganz fürchterlich reiche Leute! Wenn die morgens aufwachen, haben sie schon tausend Mark verdient, solche, weißt du?»
Dirk mußte lachen. Der Gedanke, daß man mit Nachttöpfen einen Rolls-Royce verdienen konnte, war zu komisch für ihn. Sein Vater malte Plakate, entwarf Schokoladenpackungen, Schallplattentaschen, Buchumschläge und vielerlei anderes. Er verdiente gut, aber er mußte viel arbeiten; und eine Million würde er sicher nie zusammenkriegen. Allerdings legte die Familie auch keinen großen Wert auf so ein Auto, auf Schweinslederkoffer mit Silberinitialen und so was.
«Wir fahren auch auf den Islandhof, für zwei Wochen», sagte er zu dem weißblonden Sommersprossenjungen und streckte ihm die Hand hin. «Ich heiße Dirk.»
«Ich heiße Jörg», sagte der Junge. «Aber sie nennen mich alle Pelle, weil ich mit Familiennamen Pelzer heiße. Ich höre gar nicht mehr auf Jörg. Sag du man auch Pelle. Aber wieso sagst du ‹wir›? Seid ihr mehrere?»
«Meine Schwester Sabine», erklärte Dirk.
«Noch 'n Mädchen!» Pelle verzog das Gesicht. «Ist die wenigstens in Ordnung?»
«Och, ja», meinte Dirk. «Meistens ist sie soweit ganz nett – manchmal spinnt sie, weißt du, wie Schwestern eben so spinnen, aber –»
«Halt du bloß den Schnabel, Brüderchen», unterbrach Sabine ihren Bruder. Sie war, auf der Suche nach ihm, leise dazugekommen. «Ausgerechnet du mußt von spinnen reden! Wer hat denn vorige Woche gesagt, er könnte den Kartoffelsack heben, he? Einen Zentner... haha; den wolltest du allein in den Keller

schleppen und bist schon fast zusammengebrochen, als du bloß den einen Zipfel ...»
«Nun hör schon auf!» sagte Dirk, wandte sich an Pelle und erklärte: «Das ist meine Schwester.»
«Tag», sagte Pelle. «Ich heiße Pelle», und wollte ihr die Hand geben.
Aber da kam die Treppe herunter ein Rucksack. Es war ein großer grauer, vollgestopfter Rucksack; er rollte und hüpfte von Stufe zu Stufe auf die drei Kinder zu, die vor der Maschinenraumluke standen.
«Achtung!» rief von oben eine piepsige Stimme. Aber da hatte Pelle schon den hüpfenden Rucksack gepackt und hielt ihn fest.
Ein kleiner Junge, fast einen Kopf kürzer als Dirk, Pelle und Sabine, stolperte herab. Er hatte etwas zu kurze lange Hosen an – oder zu lange kurze – und einen grünen Lodenmantel, der zwei Nummern zu groß war. Seine Haare waren über den Ohren ganz kurz geschnitten. In seinem blassen Gesicht saßen zwei große, dunkle Augen.
«Schönen – vielen, vielen Dank!» sagte er stotternd, als er bei den drei anderen angelangt war, und griff nach dem Rucksack.
«Der ist aber auch zu schwer für dich Waldzwerg!» sagte Pelle.
«Nein, nein, ich kann ihn schon tragen», erwiderte der Neue. «Er ist mir nur von der Schulter gerutscht. Wenn ich ihn einmal umgehängt hab, dann kann ich ihn schon tragen.»
«Was hast du denn da alles drin?» fragte Dirk.
«Und wo willst du damit hin?» fügte Pelle hinzu.
In diesem Augenblick kam ein Klingelzeichen vom Maschinenraum des Schiffes, und die Kolben setzten sich langsam in Bewegung; stampfend und dröhnend begann die riesige Maschine zu arbeiten.
«Kommt schnell nach oben!» sagte Sabine, noch ehe der Kleine die Fragen der zwei Jungen beantwortet hatte. «Kommt schnell! Die Seereise geht los!»
«Seereise ist gut», grinste Pelle. «Sechs Kilometer übers Watt ...

Das hat mit einer Seereise soviel zu tun wie ’n Papierdrachen mit ’nem Düsenflugzeug.»
«Ich hab da meine Sachen drin», sagte jetzt der Kleine, den die drei anderen Kinder schon fast vergessen hatten. «Und drei große Tüten altes Brot.»
«Was, bitte?» fragte Sabine. «Altes ...?»
«Ja, altes Brot. Mein ganzer Block hat gesammelt ... für die Pferde!» sagte ernsthaft der Kleine.
«Was für ’n Block? Was für Pferde?» fragte Dirk.
«Mein Wohnblock im Waisenhaus», sagte der Junge. «Wie die alle gehört haben, daß ich eingeladen bin, auf einer Insel Ferien zu machen, und daß es da Pferde gibt, da haben sie alle angefangen zu sammeln. Der Hausmeister war zum Schluß schon ganz böse, weil er auf einmal nur noch so wenig für seine beiden Schweine gekriegt hat. Und nun hab ich drei Riesentüten im Rucksack.»
«Du fährst also auch auf den Islandhof?» fragte Pelle. «Na, dann guten Tag, Kleiner. Wir fahren auch dorthin. Ich heiße Pelle, das hier ist Dirk, und dies ist seine Schwester Sabine. Und wie heißt du?»
«Ich heiße Kurtchen», sagte er, machte seltsamerweise einen richtigen Diener, so daß die drei von oben auf seinen schnurgerade gezogenen und mit Pomade angeklebten Scheitel gucken konnten, und gab ihnen der Reihe nach die Hand.
«Kurtchen Knoll.»
«Und ... und du wohnst im Waisenhaus?» fragte Sabine zögernd.
«Es heißt ‹Helenenstift›», sagte er. «Wir dürfen auch nicht ‹Waisenhaus› sagen. Ich hab keine Ahnung, warum ... Ja, da bin ich seit bald zehn Jahren.»
«Wie alt bist du denn?» wollte Pelle wissen.
«Zwölf», sagte Kurtchen.
Die drei sahen Kurtchen an. Er war so alt wie sie und soviel kleiner. Das hatte sicher nichts damit zu tun, daß er im Waisenhaus leben mußte. Aber er tat ihnen im Augenblick plötzlich so leid, daß sie

darüber das Ablegemanöver des Schiffes völlig vergaßen und – jeder für sich – überlegten, was sie dem kleinen Kurtchen Gutes tun könnten.
«Willste 'n Kaugummi?» fragte Sabine und gab Kurtchen ihren letzten. «Mach aber das Silberpapier ab – das schmeckt widerlich.»
«Komm, Kurtchen», sagte Pelle. «Ich lad dich zu 'ner Cola ein. Ich will sowieso eine trinken. Gibt's im Salon. Willst du?»
Kurtchen nickte. Er griff nach seinem Rucksack, der bei seinen Füßen auf den Treppenstufen stand.
«Laß man, Kumpel», sagte Dirk und warf sich den Klumpen mit Schwung auf den Rücken. «Den Zentner Brot kann ich ja mal 'n Stückchen schleppen, nich!»
Sie liefen zu viert die Treppe hoch, überquerten das Sonnendeck des Schiffes, das heute gar kein Sonnendeck war, weil der Himmel aussah wie eine alte, kreideverschmierte Schiefertafel, marschierten schnurstracks auf die Treppe zu, die zum Salon führte, und hatten vor lauter Gutestunwollen keinen Blick für die Möwen, die über dem Schiff kreisten, für die See, für die flachen Sandbänke rechts und links der Fahrrinne und für die Insel, die am Horizont zu sehen war und wie ein Scherenschnitt aus grauem Packpapier aussah.

Ankunft, Angeberei und andere Angelegenheiten

Der sogenannte Salon unter Deck des Fährschiffes, den Sabine, Dirk, Pelle und Kurtchen Knoll jetzt hintereinander betraten, war voll Menschen. Das Wetter draußen war den meisten Reisenden zu kalt und zu feucht. Sie hatten sich hierher verzogen, saßen auf den kunstlederbezogenen Bänken, tranken Kaffee, Sprudel oder Bier, redeten und rauchten.
Dicke Luft herrschte in dem Raum. Unter der niedrigen holzgetä-

felten Decke wolkten blaugraue Tabakschwaden. Hinter den breiten Fenstern glitt die See vorüber, weiße Wellenkämme schäumten, Möwen segelten zwischen Himmel und Wasser und schienen enttäuschte Gesichter zu machen, weil nur wenige Leute ihnen was zuwarfen.

«Heiliger Strohsack!» brummte Pelle. «Hier ist ja eine Luft wie im Affenhaus!»

«Hast du schon mal Affen gesehen, die Zigaretten qualmen?» fragte Sabine.

«Nein», mußte Pelle zugeben. «Aber sag selber, hier möfft's wie im Zoo . . . oder?»

Sabine nickte. Sie hatte den kleinen Verkaufsstand entdeckt, der sich an der Schmalwand des Salons befand, und steuerte darauf zu. An der Decke hinter der Theke hingen ein paar Dutzend Kaffeetassen an Messinghaken und schaukelten leise mit den Bewegungen des Schiffes. Man durfte da nicht allzu lange hinschauen, sonst wurde man richtig beschwipst und schwindlig.

Es gab viele Sorten Getränke da, warme Würstchen, belegte Brote, Schokolade, Ansichtspostkarten und Kekse . . . Die Flaschen standen in Metallringen, damit sie beim Schlingern des Schiffes nicht umfallen konnten. Die Gläser waren auf schräge Holzspieße gesteckt und klirrten sachte aneinander.

An einem kleinen Tisch direkt vor dem Verkaufsstand saß das Mädchen Evelyn und nuckelte aus einem Glas Cola durch einen Strohhalm.

«Hallo, Äffchen!» rief Pelle, der das Mädchen auch gerade gesehen hatte. «Du hast dich ja überhaupt nicht verändert seit dem vorigen Jahr. Höchstens noch schöner bist du geworden.» Er grinste.

«Ach, Pelle, du!» sagte Evelyn. «Ausgerechnet du! Und fängst auch gleich wieder an. Fährst du denn auch zum Islandhof?»

«Nee», sagte Pelle. «Ich will in den Ferien auf dem Leuchtturm Lampen putzen . . .»

«Es gibt ja gar keinen Leuchtturm auf Spiekeroog!» sagte Evelyn.

«So was!» Pelle machte ein erstauntes Gesicht. «Keinen Leuchtturm? Da muß einer von uns auf dem falschen Dampfer sein. Ich will ja nach Tahiti ... Wohin willst du denn, Äffchen?»
«Ach, du nimmst mich wieder auf die Schippe», sagte Evelyn mit gerunzelter Stirn. «Laß das gefälligst sein, hörst du! Und auch das ‹Äffchen› verbitte ich mir. Ich heiße Evelyn ... Also!»
«Verzeihung, liebe Evelyn», rief Pelle mit Betonung auf ‹liebe› und fuhr fort: «Darf ich dir die drei hier vorstellen? Das ist Sabine und ihr Bruder Dirk aus Hamburg, und das ist Kurtchen Knoll aus ...»
Er stutzte und wandte sich an Kurtchen: «Woher kommst du, Kurtchen?»
«Aus der Nähe von Bremen», sagte Kurtchen und streckte Evelyn die Hand hin. Das Mädchen nahm sie zögernd und versuchte ein Lächeln, das aber ein bißchen schief ausfiel, wie bei einem, der auf ein Pfefferkorn gebissen hat, und zwar in vornehmer Gesellschaft, wo er nicht ‹Scheiße!› sagen darf.
Sabine und Dirk gaben Evelyn nun auch die Hand. Dirks Hand war nicht sehr sauber und auch ein bißchen klebrig. Evelyn verzog die Oberlippe, aber dann traute sie sich doch nicht, die angebotene Hand abzuweisen ... Sie faßte sie mit drei spitzen Fingern an. Dirk merkte das, ärgerte sich und hätte am liebsten ‹olle Zimtziege!› gesagt. Doch er verschluckte die Bemerkung. Kurtchen machte einen Diener.
«Du brauchst keinen Diener zu machen», sagte Pelle. «Äffchen ist keine Dame ... Sie tut bloß so!»
«Pah!» machte Evelyn und wandte sich wieder ihrer Cola zu.
Die vier anderen traten an die Theke. Pelle bestellte für sich und Kurtchen. Sabine kaufte sich Zitronensprudel. Dirk leistete sich eine Tüte Lakritzen.
Eine halbe Stunde später machte das weiße Fährschiff am Anleger von Spiekeroog fest. Das Wetter hatte sich sichtlich gebessert. Der Himmel war nicht mehr so grau wie vorhin über dem Festland. Durch einzelne Wolkenlöcher war blauer Himmel zu sehen, und

über die langgestreckte Insel huschten hie und da Sonnenstreifen, die die weiten Wattwiesen gold-gelb-grün glitzern ließen.
Ein kleiner Zug stand vor dem Inselanleger bereit, um die Gäste ins Dorf zu bringen.
«He, Bine», rief Dirk. «Guck mal, die bunte Bimmelbahn!»
Das war wirklich ein lustiger Anblick, denn die fünf Wagen waren jeder in einer anderen Farbe gestrichen, und vorn dran ratterte und schnaufte eine ulkige knallgrüne Diesellokomotive.
«Der Inselexpreß», erklärte Pelle.
«Hübsch», sagte Kurtchen begeistert.
«Einsteigen, Leute!» befahl Pelle.
Sie kletterten die steilen Stufen hinein in einen roten Wagen. Dirk half Kurtchen den Rucksack hochkriegen; Pelle gab Sabine die Hand. Evelyn stand als letzte vor dem Waggon. Dirk sah sie stehen, überlegte und half ihr dann, hinaufzuklettern. Diesmal nahm sie seine dreckigklebrige Hand ohne Mundwinkelverziehen. Sie sagte sogar: «Danke!»
Das Bimmelbähnchen setzte sich in Bewegung. Die fünf Kinder blieben draußen auf der Plattform stehen, weil drinnen sowieso alle Plätze besetzt waren.
«Da . . . die Pferde!» schrie plötzlich Sabine, als der Zug zwischen den Dünen hindurch in die Wiesen einbog. Auf den flachen Wiesen standen im Gegenlicht viele Pferde. Größere und kleinere, dunkle, helle, ein geschecktes, ein weißes. Sie standen weit verstreut. Ganz fern, dort wo die grünen und gelbbraunen Grasflächen ans Wasser grenzten, galoppierten einige mit wehenden Schweifen und Mähnen.
«Oh, so viele!» sagte Kurtchen. «Gehören die alle zum Islandhof?»
«Mehr als vierzig», sagte Pelle.
«Aber wie sollen wir auf denen reiten?» wollte der kleine Junge wissen. «Lassen die sich das denn gefallen?»
Evelyn lachte: «Einige sind ganz friedlich und kommen, wenn man sie ruft, und lassen sich auftrensen und satteln. Aber ein paar

sind dabei, da muß man lange hinterherlaufen und muß einige Tricks anwenden, bis man ihnen das Halfter über den Kopf streifen kann. Und auch dann gehen sie nicht gleich mit.»
«Was für Tricks?» fragte Sabine.
«Äffchen singt ihnen dann immer ein Liedchen vor», grinste Pelle. «Da schlafen sie auf der Stelle ein, und dann kann man sie ganz leicht kriegen.»
«Du bist doof!» zischte Evelyn wütend. «Und du sollst endlich aufhören, ‹Äffchen› zu mir zu sagen.»
«Das klingt aber viel netter als Evelyn», meinte Dirk.
«Find ich eigentlich auch», bestätigte Sabine.
«Aber ich finde das nicht!» sagte das Mädchen und biß sich ärgerlich auf die Lippen.
Die kleine Inselbahn näherte sich dem Dorf. Dirk sah als erster das eigenartige, zeltähnliche Gebäude am Westrand auf einer hohen Dünenkette.
«Das ist die katholische Kirche», erklärte Pelle. «Und direkt daneben sind die zwei Häuser, in denen wir wohnen und essen.»
«Aber das ist ja ein ganz hübsches Ende von da zu den Wiesen», stellte Sabine fest.
«Ja», erwiderte Dirk. «Laufen lernst du hier, das kann ich dir sagen. Bevor du im Sattel sitzt, hast du schon ein paar Kilometer zu Fuß hinter dir.»
«Und reiten?» fragte Kurtchen leise. «Wie lerne ich denn das Reiten?»
«Was, du kannst nicht reiten?» sagte Evelyn spitz.
«Nein ... Ich hab nur auf Karussellpferden gesessen bis jetzt.»
«Das ist nicht schwer», tröstete Pelle. «Da kriegst du zum Anfang Gauski. Das ist der weiße Wallach dort am Gatter. Der ist gemütlich wie 'n Sofa. Der schmeißt keinen ab. Und Otmar zeigt dir schon, wie du sitzen mußt und wo du dich festhalten kannst.»
«Wer ist Otmar?» fragte Kurtchen.
«Sohn der Chefin», sagte Pelle. «Der ist in Ordnung – und reitet wie ein Kosak!»

«Das dürfte er aber nicht hören», bemerkte Evelyn.
«Warum nicht?» fragte Dirk. «Kosaken reiten doch prima!»
«Na, ich weiß nicht», meinte Evelyn, «die sitzen auf ihren struppigen Gäulen wie ... wie so kleine Äffchen!»
«Hast du eben ‹Äffchen› gesagt, Äffchen?» Pelle kicherte.
Die drei anderen lachten auch. Evelyn wurde rot und machte richtig böse Augen.
Da fuhr das Bimmelbähnchen in den Bahnhof ein; das heißt, es verlangsamte seine sowieso langsame Fahrt und hielt vor dem Gebäude, das auf der Insel als Bahnhof dient.

Eine Menge Leute standen dort und winkten und lachten. Die meisten waren braun gebrannt und trugen bunte Sachen. Zum Teil sah das sehr komisch aus: Dicke, ältere Männer in weiten, kurzen Hosen, die ihnen um die Stachelbeerbeine schlotterten, mit ulkigen Hütchen oder Mützchen auf dem Kopf; mollige Frauen mit langen weißen Hosen, bunten Umhängen und verwehten Haaren; und einzelne sogar in Bademänteln und mit breitrandigen Strohhüten, die sie krampfhaft festhielten, weil der stete steife Westwind sie ihnen sonst vom Kopf wehen würde.
«Keiner vom Islandhof da?» fragte Evelyn verwundert.
«Sieht so aus», meinte Pelle. «Da müssen wir unsere Sachen raufschleppen, verflixt noch mal ...»
«Das schaff ich nicht», sagte Evelyn.
«Du hättest deinen Rolling Royce mitnehmen sollen – und deinen Kammerdiener!» spottete Sabine.
«Das heißt Rolls-Royce», korrigierte Evelyn. «Und außerdem ist Herr Schramm kein Kammerdiener, sondern der Chauffeur meines Vaters.»
«Na wennschon», meinte Dirk. «Kommandiert hast du ihn, als ob es ein Diener wär ...»
«Das laß bitte meine Sache sein», erwiderte Evelyn.
«Aber klar», sagte Dirk. «Das laß ich deine Sache sein, Äffchen, genauso wie deine Koffer jetzt deine Sache sind!»

Er nahm sich seinen Koffer aus dem Stapel Gepäck, das die Overallmänner ausgeladen hatten, griff sich außerdem den Rucksack Kurtchens und fragte: «Also los, wollen wir?»
«Ja», sagte Sabine.
«Alles klar», sagte Pelle.
«Aber ich kann doch meinen Rucksack selber...» sagte Kurtchen.
Sie zogen mit ihren Sachen los.
Das Mädchen Evelyn blieb neben ihren zwei schweren Lederkoffern stehen und war vor Wut dem Heulen nahe.

Was ist mit Jörp los?

Als die vier Ankömmlinge um die Ecke des Inselbahnhofs bogen, kam ihnen Otmar entgegen. Er saß auf einem Fahrrad, das so aussah, als hätte schon Napoleon drauf gesessen, als er die Schlacht bei Waterloo verloren hatte.
Alles, was vormals an diesem Fahrrad blank und verchromt gewesen war, hatte jetzt eine braune Rostkruste. Die beiden Räder eierten, als wären sie ihr Lebtag über Eisenbahnschwellen gerollt. Der Gepäckträger war mit Draht am Rahmen befestigt und so windschief und klapprig, daß man sich nicht vorzustellen wagte, wie er irgendwas tragen konnte. Die Schutzbleche klapperten krumm und dreckig und voller Beulen über den Rädern, eine Pedale fehlte ganz und war durch ein Stück rundes Holz ersetzt, die andere knirschte, als hätte sie niemals Öl oder Staufferfett gesehen.
Auf diesem Musterexemplar von Fahrrad, das keine Klingel, keine Handbremse, kein Rücklicht, keine Lampe besaß – und das das Herz eines jeden Polizisten in der Großstadt hätte höher schlagen lassen – auf diesem Fahrrad also kam Otmar den abschüssigen Steinplattenweg von den Dünen heruntergerast. Hinten an den Gepäckträger hatte er eine zweirädrige Karre gebunden, die

immerhin noch so viel Farbe hatte, daß sie neben dem Museumsfahrrad wie ein Herr im Frack neben einem Zigeuner aussah.
«Höö ...!» schrie Otmar – und er mußte schreien, weil der Wind ihm die Worte vom Munde wegpustete –«Höö̈ö! Pelle! Alte Nudel! Da seid ihr ja schon! Der Zug ist zu früh angekommen. Das macht der Rückenwind. Guten Tag, alle zusammen!»
Er brachte sein geräuschvolles Fahrzeug zum Stehen, sprang ab und gab den Kindern der Reihe nach die Hand.
«Du bist Sabine?»
«Ja», sagte Sabine und wurde ein bißchen verlegen, weil der große Junge mit dem braunen Wuschelkopf sie so prüfend ansah.
«Und du bist entweder Dirk oder Kurt?» sagte Otmar und gab Kurtchen die Hand.
«Keiner von beiden», erwiderte Kurtchen. «Ich heiße Kurtchen Knoll.»
«Witzbold», lachte Otmar und gab nun noch Dirk die Hand. «Los, ladet eure Klamotten in den Kofferraum meines Mercedes. Es wird Zeit, daß ihr kommt, der Labskaus wird kalt!»
«Wer wird kalt?» fragte Kurtchen.
«Der Labskaus», erwiderte Otmar und erklärte Kurtchen, daß das was zu essen sei, ein Seemannsessen aus Cornedbeef und Kartoffelmus und mit Gurke, Rollmops und Spiegeleiern.
«Schmeckt sehr gut», schloß er und wollte sich, da die Taschen und Koffer und Kurtchens Rucksack auf dem Anhänger verstaut waren, in Richtung Islandhof in Bewegung setzen.
Sabine, Pelle und Dirk sahen sich an. Sie dachten an Evelyn und ihre zwei schweren Schweinslederkoffer mit den silbernen Buchstaben. Aber sie sagten nichts.
Kurtchen jedoch fand das nicht gut und sagte zu dem großen Jungen: «Da ist noch eine am Bahnhof. Evelyn, mit zwei dicken Koffern.»
«Ach, du heiliger Strohsack!» sagte Otmar. «Die Prinzessin auf der Erbse! Aber wir wollen mal nicht so sein, wie?»
Und er drehte, ohne auf Antwort zu warten, um und schob das Rad

am Bahnhofsgebäude vorbei zum Bahnsteig, auf dem noch immer das Mädchen zwischen den Koffern stand und mukschte.
«Hallo, Evelyn», begrüßte Otmar das Mädchen.
«Guten Tag, Otmar», gab Evelyn zurück. «Danke, daß du noch kommst. Die anderen hätten mich ja glatt hier hocken lassen...»
«Nein», sagte Otmar. «Kurtchen, der Witzbold, hat mich überhaupt erst drauf aufmerksam gemacht, daß du hier bist und auf deinen Koffern sitzt. Was hast du denn, um alles in der Welt, da drin? Zwei so schwere Koffer für zwei Wochen... Hilfe! Oder hast du vielleicht dein eigenes Pferd mitgebracht, in zwei Teilen?»
Er hievte ächzend die Koffer auf den Fahrradanhänger, der leise knirschend in die Knie ging.
«Nun man los, Leute! Der Labskaus wartet!»
Evelyn verzog das Gesicht.
«Igitt, Labskaus...?» fragte sie.
«Also ich mag das gerne», meinte Pelle. Er hatte das Klapperfahrrad an der Lenkstange genommen und schob es an.
«Wir wollten ja eigentlich Krammetsvögelzungenpastete für dich backen», spottete Otmar. «Aber der Chefkoch hatte nicht genug Hundert-Mark-Scheine mit zum Einkaufen. Also hat er Labskaus gekocht.»
«Krammetsvögelzungen...?» Kurtchen, der solchen Spott nicht gewöhnt war, fragte, was das sei.
Alle lachten. Sogar Evelyn lachte.
Die Sonne war nun ganz durch die Wolken gekommen und ließ die Dünen, auf die die Kinder zugingen, richtig weiß strahlen. So weiß, daß man die Augen zukneifen mußte.

Das Haus, in dem die fünf ihre Ferien verbringen sollten, waren eigentlich zwei Häuser. Sie lagen am Südrand einer hohen Düne, auf deren Kuppe die komisch gebaute katholische Kirche stand. Es waren keine großen Häuser, zumindest sahen sie von außen nicht aus wie ein Ferienheim, sondern eher wie zwei hübsche einstöckige Sommerhäuser befreundeter Familien. Im rechten wohnte Frau Glardon mit ihrem zwanzigjährigen Sohn Otmar. Dort war ein großes Zimmer, sehr hübsch möbliert, vor dessen offenem Kamin abends manchmal alle Gäste saßen, ins Feuer guckten, erzählten oder sangen. Unterm Dach dieses Hauses schliefen die Mädchen.

Zu den Schlafräumen führte eine schmale, steile Treppe hinauf. Es war sehr schwierig, Evelyns Koffer da raufzubugsieren. Otmar half, als er sah, daß das Mädchen es allein nicht schaffen würde.

«Ihr solltet euch mal einen Kran anschaffen, Otmar», sagte Evelyn. «Damit man seine Siebensachen raufkriegt.»

«Siebensachen ist gut», erwiderte Otmar. «Hoffentlich hast du nicht auch altes Brot drin, wie Kurtchen in seinem Halbzentnerrucksack.»

«Das sind alles Sachen, die ich brauche!»

«Kann ich mir schon vorstellen! Zwei Kilo Badesalz, fünf Liter Kölnisch Wasser, drei Kilo Sonnenschutzcreme, die Nerzjacke für den Nachmittag, sieben Abendkleider, acht Badeanzüge, vier Kostüme, sechzehn Paar Schuhe und die zwanzig Kilo andere Kleinigkeiten, wie vier Paar Reitstiefel, das silberne Zaumzeug ... Na ja, uff, nun haben wir's ja oben!» Er ächzte und wischte sich die Stirn. «Falls du in dieser Woche noch fertig wirst mit dem Auspakken, dann komm runter. Wir wollten ja eigentlich gleich nach dem Essen raus zu den Pferden.»

«Labskaus», maulte das Mädchen. «Ich glaube, ich esse heute nicht mit. Kann ich nicht irgendwas anderes ...?»

«Es sind noch 'n paar rohe Steckrüben im Schuppen drüben, falls du die lieber magst», sagte Otmar, schon halb auf der Treppe. «Oder 'ne Handvoll Hafer ...»

Eine knappe halbe Stunde später hatten die fünf ihre Koffer ausgepackt, sich mehr oder weniger gründlich die Hände gewaschen und saßen um den großen Tisch im zweiten Haus, unter dessen Dach auch das Zimmer war, in dem die drei Jungen, Dirk, Pelle und

Kurtchen, wohnen sollten.
Evelyn war als letzte zum Essen gekommen. Sie hatte ein allgemeines «Ah!» und «Oh!» ausgelöst, als sie ins Zimmer getreten war; denn sie trug jetzt ein fliederfarbenes Kostüm, weiten Hosenrock und taillierte Jacke, und ein Band in der gleichen Farbe im Haar.
«Na, bitte, Leute», sagte Pelle. «Evelyn fängt mit der Modenschau an!»
Dirk rief im Tonfall eines Fernsehansagers:
«Und nun ... meine Damen und Herren, erleben Sie den Auftritt des Weltstars Evelyn ... Sie singt uns jetzt ihren neuen Song: ‹Ich bin so fliederblau am ganzen Leib ... tralala!›»
Alle mußten lachen. Auch Frau Glardon, die gerade aus der großen Labskausschüssel mitten auf dem Tisch die Teller gefüllt hatte, konnte sich ein Lächeln nicht verbeißen.
Evelyn preßte die Lippen zusammen und sah sich im Kreise um.
«Ich weiß nicht», sagte Kurtchen, dem das Mädchen leid tat, «... so alle gegen einen! Also ich, ich finde das Kleid schick!»
«Und es ist so schön geräumig um die Füße», höhnte Pelle.
«Guten Appetit miteinander», sagte Frau Glardon, und damit war erst mal Stille in der Runde.
«Könnte ich bitte ein bißchen Salz haben?» fragte Dirk.
«Ja, sicher», sagte Frau Glardon. «In der Küche über dem Herd steht der Streuer. Holst du es bitte, Pelle? Du weißt doch Bescheid.»
«Eigentlich könnte ja Äffchen gehen, die hat jüngere Beine», sagte Pelle, erhob sich aber dann schon und lief hinaus.
Sie saßen eine Weile, ohne zu reden.
«Schmeckt prima!» sagte Kurtchen.
«Schönen Dank!» erwiderte Frau Glardon.
Auch Evelyn aß. Sie aß zwar nicht viel und ziemlich lustlos, aber sie aß.
«Reiten wir heute nachmittag noch?» wollte Sabine wissen.
«Nein», sagte Frau Glardon. «Heute ist Stehtag wie jeden Sonnabend. Morgen früh geht es los. Wie ist das eigentlich, kannst du

ein bißchen reiten, Kurtchen?»
Kurtchen schüttelte den Kopf.
«Das macht nichts», sagte Frau Glardon. «Dann fängst du heute nachmittag schon mal an der Longe an.»
«Was ist das?» fragte Kurtchen.
«Ein ganz langer Lederriemen», erklärte Otmar. «Aber ich kann nicht heute nachmittag, Mutter. Ich muß das Heu von den Südwiesen einfahren. Ich dachte im Gegenteil, daß mir dort jemand hilft.»
«Ich!» schrie Pelle.
«Und ich auch!» schrie Sabine.
«Und ich!» Dirk fuchtelte mit den Armen.
«Ja, ich auch», sagte Evelyn.
Otmar freute sich. Frau Glardon überlegte.
«Am besten machen wir's so: Sabine und Dirk helfen dir beim Heu – und Evelyn, die ja gut reitet, zeigt Kurtchen, wie man sattelt und wie man sitzt und wie man ein Pferd führt. Ihr nehmt am besten Gauski, das ist der bravste. Und Pelle hilft dabei und nimmt dann Kurtchen an die Longe. Einverstanden? Ich muß mich inzwischen um Jörp kümmern. Das ist eine neue Stute. Vorige Woche aus Island gekommen. Sie gefällt mir gar nicht. Immer bleibt sie für sich, schließt sich nicht der Herde an, trabt am Nordzaun entlang – immerzu hin und her – und frißt nicht, nicht mal Hafer, und scheut und schnauft, wenn man nur in ihre Nähe kommt. Ich weiß nicht, was mit dem Tier los ist...»
Frau Glardon machte einen kummervollen Eindruck, was gar nicht zu ihrem sonst immer so strahlenden Gesicht paßte. Die Kinder waren für einen Augenblick richtig erschrocken.
Wenn sie geahnt hätten, daß Frau Glardons Sorge um die Stute nur der Auftakt zu einer Reihe sehr aufregender Ereignisse war...

Kurtchen Knoll und der große Knall

Wenn jemals ein Junge richtig glücklich gewesen ist, dann Kurtchen in den ersten zwanzig Minuten, die er auf dem Rücken des Island-Wallachs Gauski saß.

Man muß dazu wissen, daß Kurtchen sich so was in den zwölf Jahren seines Lebens niemals hätte träumen lassen: Auf dem Rücken eines richtigen Pferdes zu sitzen, die Füße in richtigen Steigbügeln, einen richtigen Sattel unter dem Po, der gute Geruch nach Fell und Erde und Pferd. Und über allem die Sonne und drumherum der salzige Wind...

Am liebsten hätte der Junge gejuchzt vor Freude und wäre nie, nie wieder abgestiegen.

Er dachte in diesen zwanzig Minuten keine Sekunde an das große graurote Waisenhaus, an die kalten Schlafsäle, an die nüchternen Zimmer, an die ganze triste Umgebung, in der sich bisher sein Leben abgespielt hatte, seit seine Eltern tot waren, seit fast zehn Jahren schon – so lange er denken konnte; und er hatte natürlich keine Erinnerung an seine ersten zwei Lebensjahre im Elternhaus.

Als er die Einladung erhalten hatte, zwei Ferienwochen auf der Insel zu verbringen, war er natürlich sehr aufgeregt und neugierig gewesen. Aber er hatte sich das nicht so schön vorstellen können, wie es nun in Wirklichkeit war – wenigstens in den ersten zwanzig Minuten auf dem Rücken Gauskis.

Die Einladung hatte Kurtchen einem Zufall zu verdanken. Frau Glardon, die mit ihrem Sohn Otmar davon lebte, daß sie in allen Ferien Kinder aufnahm, die gegen Bezahlung bei ihr wohnten und ritten oder reiten lernten, Frau Glardon hatte es sich zur Gewohnheit gemacht, zu jeder Kindergruppe ein oder zwei Jungen oder Mädchen kostenlos einzuladen – solche Kinder, die entweder keine Eltern mehr hatten oder die sonst nicht in der Lage waren, sich so einen Ferienaufenthalt zu leisten.

Diesmal war sie auf den Gedanken gekommen, an den Leiter des größten Waisenhauses im Lande zu schreiben; und der hatte die Augen zugekniffen und auf der Liste von vierundfünfzig Namen der zwölfjährigen Jungen, die auf seinem Schreibtisch lag, blind mit dem Bleistift einen Namen angetippt – und das war der Name Kurtchen Knoll gewesen.

Anders, so hatte der Waisenhausdirektor überlegt, konnte er gar nicht aussuchen. Der blinde Zufall war da gewiß die gerechteste Entscheidung.

Also saß Kurtchen nun selig auf dem Pferderücken, versuchte, sich dem Rhythmus des Pferdeschritts anzupassen, und ließ sich – immer im Kreis rum – von Gauski tragen.

Das Ganze fand auf der Weide statt, die direkt neben dem Winterstall lag. Dorthin waren Evelyn und Pelle mit Kurtchen gegangen, um ihm das Reiten beizubringen. Die Weide war nicht so groß wie die Weiden an der Wattseite. Zur Zeit grasten nur zwei Pferde darauf. Eins, das ein Fohlen erwartete, und Gauski, der Brave, der bis vor kurzem ein wenig gelahmt hatte und nun zur Erholung auf der fetten Weide grasen durfte.

Gauski war ein Wallach. Ein Wallach ist ein verschnittener Hengst, das heißt, ein männliches Pferd, dem durch Kastrieren, also durch operative Entfernung der Hoden, die Zeugungsfähigkeit genommen worden ist.

Man verschneidet Hengste, weil sie oft wild, unberechenbar und deshalb schwer zu reiten sind, vor allem, wenn sie eine Stute wittern. Die meisten Reitpferde sind Wallache oder Stuten.

Gauski war ein besonders hübscher Wallach, oder richtiger, ein besonders lustig aussehender Wallach; denn er hatte einen rotbraunen Kopf, einen rotbraunen Hals und ein braunes Hinterteil; aber Bauch und Rücken waren weiß, so daß er aussah wie ein Pferd mit Bauchbinde. Er galt als eins der bravsten Pferde auf dem Islandhof, ruhig und leicht zu reiten, ohne Tücken und Launen – das richtige Pferd für Anfänger wie Kurtchen.

Wenn nicht der Düsenjäger gewesen wäre, hätte Kurtchens großes Glück noch zehn Minuten länger gedauert; denn der erste Reitun-

terricht war heute auf eine halbe Stunde festgesetzt. Aber so schlug sein Glück plötzlich in Entsetzen um – und das kam so:

Evelyn hatte Pelle gerade die Longe in die Hand gedrückt, um aus dem Winterstall eine Handvoll Hafer für Gauski zur Belohnung zu holen. Pelle stand in der Mitte des weiten Kreises, den Gauskis Hufe in den Sand getreten hatten, und hielt die Longe, an deren Ende der Wallach mit Kurtchen sanft trabte.

Da stieg plötzlich jaulend und pfeifend ein Düsenjäger von der Seeseite her und über die Randdünen in den Himmel, stieg rasend schräg hoch und durchbrach mit einem irrsinnigen Knall die Schallmauer hoch über den Köpfen der Kinder. Gauski scheute, stieg, legte die Ohren an, bleckte die Zähne, rollte mit den Augen und preschte los, als ob ein Hornissenschwarm hinter ihm her wäre. Pelle war so erschrocken, daß er die lange Leine losließ, die nun hinter dem davongaloppierenden Pferd durch Sand und Gras schleifte.

Evelyn schrie vom Winterstall her: «Heee, Gauski! – Halt dich fest, Kurtchen!»

Und Kurtchen?

Kurtchen saß auf dem Rücken des durchgehenden Pferdes, mit zusammengebissenen Zähnen und angstgeweiteten Augen, klemmte die Schenkel fest an den Sattel, krallte die Hände in die Mähne und flüsterte stotternd: «Oduheili . . . heili . . . heiliger Bimbam!»

Was anderes fiel ihm als Stoßgebet nicht ein.

«Die Leine!» schrie Pelle hinterherrennend. «Die Leine, Kurtchen! Zieh die Leine ein!»

Kurtchen hörte den Schrei – aber er hatte zunächst so viel damit zu tun, sich festzuhalten, daß er überhaupt nicht wußte, wie er die lange Longe hätte fassen sollen.

Das Pferd hatte mit unverminderter Geschwindigkeit den Weg erreicht, der ins Dorf führte. Kurtchens Angst ließ ein wenig nach, als er merkte, daß er sich nur mit Schenkeln und Händen festzuklammern brauchte, aber ungemütlich war der wilde Ritt trotzdem noch, zumal jetzt Badegäste auf dem Weg auftauchten, schrien und zur Seite sprangen, Kinder erschrocken weinten, Frauen kreischten, Männer fluchten ...

Wenn nur die Longe sich nicht irgendwo festhakt! dachte der Junge. Sonst gehen wir noch koppheister, verflixt!

Und weil er die Gefahr erkannte, versuchte er nun, weit auf den Hals des Pferdes gebeugt, so daß ihm die Schaumflocken aus Gauskis Maul ins Gesicht flogen, mit der linken Hand den schleifenden Riemen zu erreichen. Er erreichte ihn auch und zog das freie Ende zu sich heran.

Gauski hatte inzwischen die ersten Häuser des Dorfes schon hinter sich, galoppierte weit ausgreifend mit donnernden Hufen die gepflasterte Straße entlang zwischen den entsetzten Leuten hindurch, haarscharf an einem Kinderwagen vorbei, immer geradeaus.

Ein großer dicker Mann trat dem Pferd in den Weg und hob die Arme – es war der Pfarrer, wie sich später herausstellte –, aber auch er mußte zur Seite springen, weil das durchgedrehte Tier direkt auf ihn losrannte. Es sah komisch aus, wie der dicke Mann aus dem Weg hüpfte. Kurtchen hätte beinahe gelacht, wenn ihm mehr zum Lachen zumute gewesen wäre.

Daß er nur nicht ins Wasser rennt mit mir! dachte der Junge jetzt, und neue Angst überfiel ihn.

Er überlegte, ob er sich nicht einfach seitlich fallen lassen könnte – aber Gauski war zu schnell; und hier, auf dem Steinpflaster der Dorfstraße, ging das sowieso nicht.

Unterdessen hatte das Pferd die Dorfstraße schon passiert und strebte jetzt nach Osten, wo der kleine Mischwald aus Buchen, Birken und Kiefern, der Stolz der Insulaner, sich erstreckt.

Die Hufe klickten nun nicht mehr hart auf Steinpflaster, sondern trommelten dumpf durch den Sand. Kurtchen mußte sich tief auf Gauskis Mähne bücken; denn die Zweige der Bäume peitschten ihm ins Gesicht.

Der Junge hatte den Eindruck, als würde das Pferd allmählich langsamer, und er kam auf den glorreichen Gedanken, ihm gut zuzureden.

«Gauski!» rief er halblaut dem Wallach ins Ohr. «Alter Junge, willst du nicht mal in den dritten Gang schalten, was? He? Machst dir ja den ganzen Motor kaputt, wenn du so volle Pulle fährst, hörst du! Nun komm, laß ein bißchen Dampf ab und beruhige dich, heee, Gauski, nun beruhige dich doch, Bursche!»

Und er klopfte dem schweißnassen Pferd mit der rechten Hand flach den Hals und redete immer weiter: «Laß das Geschnaufe, Gauski, und spuck mir nicht immerzu deine Schaumspucke ins Gesicht! Das gehört sich überhaupt nicht. Sooo – du bist ja brav. Nun noch ein bißchen langsamer, mein Alter ... Jawohl ... Guck doch! Die Insel ist gleich zu Ende, und du rennst immer noch viel zu schnell. Wo willste denn bloß hin? Du bist doch kein Seepferdchen, wie? Ruhig, ruhig ... Das olle Flugzeug ist ja weg, nu beruhige dich mal, Gauski! Schööön ruhig ...»

Tatsächlich, der Isländer lief langsamer, fiel sachte aus dem gestreckten Galopp in Trab und dann in einen Zuckeltrab und dann in die gemächliche Gangart, in den Schritt.

Schließlich blieb er, während Kurtchen erleichtert immer weiter auf ihn einredete, sogar stehen.

Er stand da mit fliegenden Flanken, klatschnaß und mit Schaumflocken gesprenkelt und zitterte vor Erschöpfung.

Kurtchen ließ die Mähne des Tieres los, behielt den Lederriemen in der geballten Faust und glitt vom Rücken des Pferdes. Als er auf der Erde stand, merkte er, daß auch seine Knie zitterten.

Gauski stand da mit hängendem Kopf, kläglich anzusehen.

Kurtchen kramte in seinen Hosentaschen nach einem Taschentuch, um dem Pferd den Schaum abzuwischen, der ihm vor den Augen saß und am Maul klebte; aber er fand kein Taschentuch. Das war zu verrückt: Nie fand er ein Taschentuch, wenn er wirklich mal eins brauchte.

Da zog er sich kurz entschlossen das buntkarierte Baumwollhemd über den Kopf und begann, Gauski damit sauberzumachen und

ihn wenigstens an den Stellen trockenzureiben, wo der Schweiß in kleinen Rinnsalen über das Fell lief.
Das Pferd ließ sich das offenbar gern gefallen. Es hob den Kopf und prustete leise und knabberte behutsam mit seinen dicken, weichen Lippen in Kurtchens Genick herum, als der sich bückte, um ihm Hals und Brust abzutrocknen.
«Laß das sein, Gauski», kicherte Kurtchen. «Das kitzelt!»
Da kam zwischen den Bäumen hindurch Evelyn auf dem Fahrrad und gleich hinter ihr Pelle auf einem zweiten, noch klapprigeren Fahrrad. Die beiden hatten sich von der Winterweide so schnell sie konnten aus dem Stall diese zwei Räder geholt und waren dem durchgehenden Gauski nachgeradelt, was das Zeug hielt. Im Dorf hatten sie langsamer fahren müssen – aber sie hatten Kurtchens Spur leicht an den Gruppen aufgeregter Leute ablesen können, die noch beisammen standen und schimpften oder die Hände rangen.
«Schau dir das an!» rief Evelyn. Sie sahen Kurtchen mit dem blassen, mageren Oberkörper und das dampfende Pferd, das ihn fast zärtlich anprustete.
«Hat er dich abgeworfen?» fragte sie.
«Bist du verletzt?» fragte Pelle.
Sie sprangen von den Rädern, lehnten sie aneinander und standen nun staunend vor Kurtchen, der ihnen lächelnd und stolz berichtete, wie das gelaufen war.
«Reiten ...?» sagte er. «Nichts einfacher als das, Leute!»
«Ich werd verrückt», sagte Pelle. «Der spricht wie Buffalo Bill!»
«Find ich aber schon sehr dufte», sagte Evelyn anerkennend. «Bloß dein Hemd dürfte im Eimer sein, Kurtchen!»

Große Erzählstunde

«Ich muß noch mal rüber zu den Wattweiden», erklärte Frau Glardon beim Abendessen, «nachsehen, wie sich Jörp benimmt. Vielleicht beruhigt sie sich ja doch allmählich. Das gibt es ja, daß Tiere eine Weile brauchen, um sich einzugewöhnen.»
«Sie hat Heimweh», sagte Otmar.
«Heimweh? – Pferde, die Heimweh haben, also das kann ich mir nicht vorstellen», meinte Dirk. «Schön, wenn sie aus einer Herde irgendwohin kommen, wo sie dann allein sind – aber nicht hier bei so vielen anderen Pferden.»
«Das ist auch ganz ungewöhnlich», sagte Frau Glardon. «Zumindest über so lange Zeit. Jörp ist seit fast zwei Wochen hier. Sie müßte wenigstens anfangen zu fressen. Ich verstehe das nicht.»
«Vielleicht ist sie krank», sagte Sabine.
«Erkältet», fügte Kurtchen hinzu.
«. . . oder sie hat Rheuma wie meine Tante Käthe», sagte Evelyn plötzlich ganz ernsthaft. «Das muß schlimm sein. Ihr solltet mal meine Tante sehen, wenn sie 'n Rheumaanfall . . .»
«Nun hör bloß auf!» rief Pelle. «Du kannst doch deine olle Tante nicht mit 'm Islandpferd vergleichen!»
Die Kinder lachten. Wieder ergriff Kurtchen Evelyns Partei: «Ich weiß gar nicht, warum ihr da so lacht! Bei mir im Heim ist ein Lehrer, der ist unausstehlich an manchen Tagen, knurrt und motzt jeden an und verteilt Strafarbeiten, daß es nur so qualmt – und dann hat er immer Rheuma. Hinterher entschuldigt er sich manchmal und erklärt uns, daß er vor lauter Schmerzen so unausstehlich ist – also kann einer davon krank, richtig krank werden.»
«Aber Pferde haben doch wohl kein Rheuma?» wollte Sabine von Frau Glardon wissen.
Frau Glardon war jedoch schon aufgestanden und aus dem Zimmer gegangen, ohne daß die fünf es bei ihrem Streitgespräch über Heimweh, Tanten und Rheuma gemerkt hatten.
Sie räumten gemeinsam den Abendbrottisch ab. Otmar fragte, ob

jemand noch hungrig sei. Alle verneinten. Pelle klaute sich in der Küche, in die sie das Geschirr brachten, aus dem großen Gurkenglas zwei Gewürzgurken und steckte sie in die Hosentasche. Der Essig lief ihm durchs Taschenfutter den Oberschenkel entlang in die Schuhe. Das kitzelte ziemlich und war sehr kühl.
«Und was fangen wir nun mit dem angebrochenen Abend an?» fragte Dirk.
Otmar wußte sofort Rat.
«In der Sattelkammer ist so viel zu tun», sagte er, «daß überhaupt keine Langeweile aufkommen kann. Und wenn ihr morgen alle reiten wollt, dann könntet ihr am besten gleich rüberlaufen und die Sättel nachsehen. Das Leder muß saubergemacht und die Riemen müssen gefettet werden. Die Steigbügel sind stellenweise rostig, die Bauchgurte sind dreckig ... Da haben fünf gute Leute reichlich zu tun!»
Als er sah, daß die fünf nur sehr mäßig begeisterte Gesichter machten, fügte er hinzu: «Ich meine ja nur, weil ihr nicht wußtet, was ihr anfangen solltet. Zum Baden ist es zu spät und zu kühl, Kino gibt's nicht, tanzen gehen ist auch nicht.»
«Ich wollte eigentlich tanzen gehen», grinste Kurtchen. «Da stand so 'ne schöne, dicke Dame am Weg, als ich vorbeigaloppierte heute nachmittag. Vielleicht hätt ich bei der Chancen!»
«Hör auf, Kurtchen!» spielte Sabine sofort mit. «Du machst mich noch ganz eifersüchtig!»

Zwanzig Minuten später hockten sie zu sechst in der Sattelkammer, putzten Leder, ölten Riemen, säuberten Zügel, Halfter und die hundert Teile, die zum Reiten gehören.
Otmar hatte gewonnen.
Sogar Evelyn machte mit, obwohl sie zunächst am heftigsten gemurrt hatte. Sie saß im Schneidersitz auf einer der drei großen Haferkisten und säuberte ein halbes Dutzend Striegel und Kardätschen, die Geräte, die man zum Putzen und Bürsten der Pferdefelle braucht.

«Du hast die leichteste Arbeit, Äffchen», sagte Pelle, der neben der einen Haferkiste kauerte und trocken gewordene Riemen mit Fett wieder geschmeidig knetete. «Du könntest eigentlich 'n bißchen was erzählen – aus deinem Leben so, zum Beispiel. Wie es bei richtigen Millionärs zugeht. Ob da die Klodeckel vergoldet sind oder in die Nachttöpfe vielleicht ein Glockenspiel eingebaut ist, das immer ein Lied spielt: ‹Am Brunnen vor dem Tore . . .› oder so was, wenn man . . .»
«Wir haben überhaupt keine Nachttöpfe, du Doofer», fiel Evelyn ein, machte aus einem Bündel Pferdehaare, die sie aus einer Kardätsche gezupft hatte, ein Knäuel und warf es ihm an den Kopf.
«Aber mal im Ernst», sagte Sabine und strich sich mit dem Handrücken eine Haarsträhne aus der Stirn, weil ihre Finger so schmutzig waren vom Abreiben der Bauchgurte, «. . . mal im Ernst, Evelyn, wie ist das bei dir zu Hause? Habt ihr 'n Diener und 'ne Köchin und so was?»
«. . . und 'n Neger mit 'm Turban und 'nem Schwert, der eure Türen bewacht?» spann Dirk.
«Oder so einen mit weißen Handschuhen, der beim Essen serviert, so 'n Butter . . . oder wie das heißt?» fragte Kurtchen.
«Butler», korrigierte Pelle. «Wird ‹Batler› gesprochen!»
«Habt ihr einen Batler?» bohrte Kurtchen.
«Nein», sagte Evelyn. «Auch keinen Neger mit 'm Schwert natürlich. Aber 'ne Köchin. Die heißt Mathilde und kocht ganz prima. Am besten kocht sie Pudding mit Mandeln und Rosinen und Nüssen und so. Diener haben wir auch nicht. Bloß Herrn Schramm. Das ist der Chauffeur meines Vaters. Der macht auch den Garten, zusammen mit Otto, unserem Hausmeister. Zwei Mädchen haben wir noch, für die Zimmer und in der Küche zum Helfen. Die eine ist aus Jugoslawien. Tanja heißt sie. Sie konnte am Anfang gar nicht Deutsch, aber nun gibt ihr Knullebeen jeden Nachmittag eine Stunde Unterricht. Und die lernt das wie geschmiert, sag ich euch!»
«Wer ist denn Knullebeen?» fragte Sabine.

«Mein Hauslehrer», erklärte Evelyn. «Eigentlich heißt er Nebelung. Der ist an sich ganz gut. So 'n Kleiner, Dicker. Seit ich ihn im vorigen Sommer mal in kurzen Hosen gesehen habe, nenne ich ihn heimlich ‹Knullebeen›. Das ist ‹Nebelung› von rückwärts. Er hat so unheimliche Fußballerwaden, das glaubt ihr nicht!»

«Hauslehrer?» staunte Pelle. «Wieso? Gehst du denn nicht in die Schule? Oder kommt der zu Nachhilfestunden?»

«Ich gehe nicht in die Schule», sagte das Mädchen.

Die vier anderen und auch Otmar ließen ihre Arbeit ruhen und sahen sie verblüfft, überrascht, ungläubig und wie ein Fabelwesen an.

«Nicht in die Schule?!» stammelte Pelle. «Mensch, ist das 'n Leben!»

«Der Knullebeen kommt zu euch?» fragte Sabine.

«Und er bringt dir alles bei und versetzt dich auch von einer Klasse in die nächste und gibt dir auch Zensuren und so?» fragte Dirk.

«Und er kann auch alles? Englisch und Rechnen und Singen und ...?» fragte Kurtchen.

«Alles», sagte Evelyn. «Er kommt jeden Vormittag halb zehn. Bis halb zwei machen wir Unterricht. Oben unterm Dach im Schulzimmer. Dann ißt er mit uns. Und nachmittags von halb drei bis vier geht er mit mir im Sommer raus. Entweder schwimmen in unserem Swimming-pool oder in den Wald, Pflanzen bestimmen, oder im Winter ins Museum in die Stadt oder auch mal abends ins Theater. Er weiß und kann überhaupt alles: Vier Sprachen, Klavierspielen und Mathematik und alles ...»

«In welcher Klasse bist du denn?» fragte Dirk. «Das heißt, soweit man das ‹Klasse› nennen kann. Oder sind da noch andere mit dir im Schulzimmer?»

«Ich bin in der sechsten Klasse – alleine», sagte Evelyn. «Bis zur achten bleibt Knullebeen mein Lehrer. Dann soll ich in ein Pensionat in die Schweiz, wegen des Abiturs; das kann ich bei ihm nicht machen. Aber er bereitet mich auf die Schule dort eben vor, versteht ihr?»

«Dufte», sagte Kurtchen, der sich das überhaupt nicht vorstellen konnte. «Das ist dufte! Aber doch sicherlich auch fürchterlich langweilig, was? Du kannst ja überhaupt nix anstellen ...»

«Wieso ‹anstellen›? Was soll ich denn anstellen?» Jetzt war Evelyn ratlos.

«Du kannst bei Mathe-Arbeiten nicht abschreiben, weil keiner neben dir sitzt», sagte Pelle. «Und wenn die Wandtafel mit 'm Bild verschönert ist, mit 'ner Karikatur von deinem Lehrer, dann braucht der gar nicht erst zu fragen: ‹Wer war das?› – Denn das kann ja außer dir gar keiner gewesen sein. Mann, o Mann, ist das blöd! Du kannst auch nicht in der Pause Briefmarken tauschen oder heimlich hinter der Turnhalle zu dritt 'ne Zigarette rauchen ... nix, nix kannst du!»

«Und kannst überhaupt nicht abschalten im Unterricht», sagte Sabine. «So wie ich das manchmal mache, wenn mich was nicht für fünf Pfennig interessiert. Zum Beispiel: Geschichte, solche blöden Berichte von irgendwelchen ollen Königen ... Dann mach ich ein ungeheuer interessiertes Gesicht, aber in Gedanken bin ich sonstwo: bei 'ner Modenschau oder auf dem Bolzplatz. Aber bei dir würde das ja sofort auffallen; denn du mußt ja allein alle Fragen beantworten, die dein Knallfuß stellt.»

«Knullebeen ...» berichtigte Evelyn.

«Aber sie hat eben nur vier Stunden am Tag und fängt erst halb zehn an», meinte Dirk. «Wenn wir schon zwei Stunden hinter uns haben.»

«Wahrscheinlich lernt sie auch viel mehr», gab Kurtchen zu bedenken. «Wir sind fünfunddreißig in der Klasse. Manche Stunden, ja, manche ganzen Vormittage komm ich überhaupt nicht dran, auch nicht, wenn ich immerzu die Hand hebe. Aber Evelyn kommt immer dran. Sie kann alles fragen, was sie wissen will. Und sie braucht nicht mal die Hand zu heben. Ich hab oft meine Frage schon wieder vergessen, wenn ich schließlich als zehnter oder elfter drankomme.»

Die vier Kinder waren nachdenklich geworden und konnten sich nicht klarwerden oder einigen, ob so eine Art Unterricht mit Hauslehrer und für sich allein besser oder schlechter sei. Schließlich wechselten sie das Thema.

Dirk fragte: «Und wie sieht sonst so dein Tag aus, Äffchen?»

«Nun laßt doch das ‹Äffchen› mal endlich sein, wenn sie's doch nicht leiden kann», mahnte Kurtchen, der zwar der kleinste im Kreise war, aber durch seinen wilden Ritt am Nachmittag große Hochachtung gewonnen hatte.

Evelyn nickte ihm dankbar zu und fing an zu erzählen.

Sie berichtete von der riesengroßen Villa, in der sie wohnte, von ihrer eigenen kleinen Wohnung unterm Dach: Wohnzimmer, Schlafzimmer, kleine Küche, Duschbad; und daneben das Schulzimmer. Von ihren Tieren, Oskar, dem Graupapagei, der ‹Ach, du lieber Augustin ...› singen und ‹Halt die Luft an› sagen konnte; von Harras, dem Schäferhund, und Pippi, der aprikosenfarbenen Zwergpudelhündin; von den riesigen Seewasseraquarien ihres Vaters; von dem Swimming-pool, über den im Herbst ein Gehäuse gestellt und geheizt wurde, so daß man auch im Winter darin baden konnte; von den Gesellschaften, die ihre Eltern gaben, wo dann manchmal zwanzig, dreißig Autos vor dem Haus und an der Auffahrt im Park parkten, wo Kaviar gegessen und Sekt, nein, Champagner getrunken wurde und die Damen in langen Kleidern und die Herren in Smokings rumstanden und gebildete Reden führten.

Das alles erzählte das Mädchen. Manchmal übertrieb es wohl ein bißchen; zum Beispiel schien es den Zuhörern unglaublich, daß vor zwei Jahren, zu Evelyns elftem Geburtstag, zweiundsechzig Kinder eingeladen worden waren und einen VW-Bus voll Eis und Torte aufgegessen hatten.

Kurtchen warf ein: «Zweiundsechzig ...? Na ja, also zu meinem Geburtstag singen immer hundertundzehn: ‹Wir freuen uns, daß du geboren bist ...› und so weiter.»

«Hundertundzehn?» fragte Evelyn.

«Ja», erläuterte Kurtchen. «Wir sind hundertundzwölf Jungen im

Jungengebäude.»
«Und wieso singen dann nur hundertundzehn? Da fehlen zwei!» stellte Dirk fest.
«Der hundertundelfte bin ich ja selber», sagte Kurtchen. «Und ich kann ja nicht gut mitsingen, obwohl ich mich ja auch freue, daß ich geboren bin und so ... Und der hundertundzwölfte ist Alfred Nauke, der singt nie mit; auch nicht, wenn die anderen Geburtstag haben, weil er so 'n Sprachfehler hat. Ich weiß nicht, wie das heißt, ‹Wolfskehle› oder so ... Der kann nicht singen.»
«Wie ist das überhaupt bei euch», fragte Sabine, die das schon die ganze Zeit gern hatte wissen wollen, aber erst jetzt, als Kurtchen selbst davon anfing, zu fragen wagte.
«Oooch, eigentlich ganz dufte; nicht immer – aber meistens», sagte Kurtchen und zupfte sich nachdenklich am Ohrläppchen.
«Dann erzähl doch mal!» sagte Pelle.

Große Erzählstunde zwei

«So viel gibt's da eigentlich nicht zu erzählen», sagte Kurtchen zögernd, weil er nicht wußte, wie er anfangen sollte – und auch, weil ihm von vornherein klar war, daß er den anderen nicht den richtigen Eindruck vermitteln konnte von seinem Leben im Heim.
«Na ja», sagte Sabine. «Aber bei euch ist es doch bestimmt anders als in 'ner Familie. Nu mach schon, erzähl mal! Schlaft ihr in großen Sälen, so mit Betten übereinander? Habt ihr Freizeit genug, wo ihr hingehen könnt, wohin ihr wollt? Sind da nicht auch manchmal ganz Doofe drunter? Und wer paßt auf, daß ihr keinen Unfug macht? Nu los, erzähl schon!»
«Wir wohnen und essen und schlafen in Gruppen», fing Kurtchen an. «Immer zwölf Jungs von drei bis sechzehn Jahren. In meiner Gruppe sind vier Kleine, die noch nicht in die Schule gehen. Da ist

auch 'n kleiner Afrikaner dabei. Niedlich, sag ich euch. So 'ne großen schwarzen Kulleraugen und winzige kleine Krullerlocken auf dem Kopf. Aladin heißt der ... ja. Und dann sind wir fünf, die zur Volks- und zur Mittelschule gehen, und drei Große. Einer ist auf dem Gymnasium, und die beiden anderen gehen in die Lehre. Wir haben für uns drei Zimmer im Heim, nein, vier ... In dem einen schlafen die vier Lütten mit Peter, dem einen Großen. In dem anderen schlafen drei von uns mit Jochen, der aufs Gymnasium geht. Und ich schlaf da auch. Dort machen wir auch Schularbeiten oder sitzen mal abends und machen Musik, wenn wir länger aufbleiben dürfen: in den Ferien und sonnabends.»

«Was für Musik macht ihr denn?» wollte Pelle wissen.

«Ich kann 'n bißchen Gitarre», sagte Kurtchen. «Und Ulf, der ist mein bester Freund, kann das auch, bloß besser als ich ... Und Jochen, wenn er Zeit hat, spielt Mundharmonika. Meistens aber ist er nicht dabei, weil er soviel arbeiten muß, Latein und Griechisch und alles so was ... Das macht er abends im großen Wohnraum, wenn da nicht grade der Fernseher läuft. Ja ... und der vierte Raum ist auch noch Schlafzimmer für die drei anderen. Mittag essen wir alle immer unten im großen Speisesaal. In zwei Schichten. Die Kleinen schon um zwölf, wenn wir noch in der Schule sind. Dann müssen die schlafen. Und wir essen halb zwei. Dann haben wir frei, können weg, wenn wir wollen, müssen aber dem Erzieher sagen, wohin wir gehen und wann wir wieder zurück sind.»

«Erzieher?» Evelyn hatte aufmerksam zugehört. Jetzt wollte sie Näheres wissen. «Was sind das denn für welche? Lehrer? Sind die nett?»

«Das sind keine Lehrer», erklärte Kurtchen. «Sondern meistens junge Männer – ja, auch 'n paar ältere –, die immer da sind und aufpassen, daß die Gruppe in Ordnung bleibt und daß alle sich an die Hausordnung halten und daß keiner abhaut oder so ... Jede Gruppe hat einen Erzieher. Und dann gibt's noch welche, die zur Vertretung da sind, damit der Gruppenerzieher auch mal Feierabend machen kann. Unserer, den wir seit zwei Jahren haben, der ist in Ordnung. Vorher hatte ich einen, das war ein richtiger Ochse, brüllte immer rum und machte nix als dumme Sprüche. Aber der ist weg, Gott sei Dank ...»

«Und wie ist das, wenn sich nun mal zwei in einer Gruppe nicht miteinander vertragen?» wollte Dirk wissen. «Was passiert dann? Kann dann einer in eine andere Gruppe?»

«Nicht so einfach», sagte Kurtchen. «Sonst wäre ja ein dauernder Wechsel, was glaubst du wohl. Wenn sich Geschwister in einer Familie nicht vertragen, können sie ja auch nicht einfach so in eine andere Familie, nicht wahr? – Was sollten da wohl die Erzieher machen, Mann, wenn sie jede Woche andere Leutchen in ihrer Gruppe hätten –, dann könnten sie keinen richtig kennenlernen und mit ihm umgehen, verstehst du?»

Dirk nickte nachdenklich.

Otmar fragte: «Wenn ihr nachmittags weg dürft, dann ist es den Erziehern gleich, was ihr macht und wo ihr hingeht?»

«Nicht gleich, nee», sagte Kurtchen. «Wir müssen ja sagen, wohin wir gehen. Also Biertrinken und so was, überhaupt Alkohol, ist auch für die Größeren verboten, streng verboten! Und länger als bis zum Abendbrot dürfen wir nicht unterwegs sein – die Großen bis zehn, manchmal auch, wenn sie wo eingeladen sind, bis halb zwölf ... aber nur sonnabends. Wenn wir zusammen, alle zusammen ausgehen, zum Beispiel in den Zirkus oder ins Theater, ins Weihnachtsmärchen oder so was, dann gucken sie nicht so auf die Zeit.»

«Und alle, die da wohnen, haben keine Eltern mehr?» fragte Sabine.

«Nicht alle», gab Kurtchen zurück. «Eigentlich überhaupt nur einige. Außer mir noch zwei in meiner Gruppe. Die anderen haben noch Eltern ... Aber, ich weiß nicht genau, die sind dann geschieden oder die sind irgendwie krank ... Oder sie haben ihre Kinder schlecht behandelt. Der kleine Aladin zum Beispiel ist zu uns gekommen, da war er so mickrig und halb verhungert und hatte den ganzen Kopf voll Grind und Schorf. Seine Mutter hat ihn tage-

lang allein gelassen; der war ganz scheu und still – und nicht mal geweint hat er mehr. Das war schlimm. Aber jetzt ist er wieder gesund und vergnügt und fühlt sich zu Hause bei uns. Solchen Eltern nehmen sie die Kinder weg und bringen sie zu uns ...»
Es war über Kurtchens Bericht dämmrig geworden. Sie konnten nicht weiterarbeiten, weil der Schuppen nur von einer kleinen, kahlen Birne hoch oben an der Decke erleuchtet werden konnte.
«Feierabend, Leute!» sagte Otmar. «Legt die Sachen bitte noch ordentlich zusammen, damit wir morgen auch finden, was wir brauchen.»

Der Heimweg durch die dunkelnden Dünen verlief ziemlich still. Sie hingen alle recht trüben Gedanken nach. So ein Kinderheim mußte doch auf die Dauer ein trauriger Aufenthalt sein ... oder?
Otmar fragte schließlich den neben ihm durch den Sand stapfenden Kleinen: «Wie ist das, Kurtchen, bist du gern dort?»
«Wo?» fragte Kurtchen, der im Geiste seinen Ritt vom Nachmittag nacherlebte.
«In dem Wai ... dem Kinderheim?»
«Ooooch ... ich glaub, schon», sagte Kurtchen. «Wir haben ja 'ne Masse Spaß dort. Manchmal denk ich, daß es vielleicht ganz lustig wäre, so mit Vater und Mutter, mein ich ... aber wenn ich dann höre, wie blöd manche Väter und Mütter sind und daß es da oft wegen nix und wieder nix Ohrfeigen setzt – dann bin ich schon lieber im Heim, weißt du! Solange der Erzieher einigermaßen nett ist und man sich mit den anderen in der Gruppe versteht, kann ja nichts passieren, nicht?»
Evelyn, die auf Otmars anderer Seite lief, dachte nach und verglich Kurtchens Erzählung mit ihrem Zuhause. Aber sie kam zu keinem Schluß, ob es nun bei ihr besser sei oder vielleicht sogar in dem Heim.
Komisch, dachte sie, daß ich da überhaupt zweifle ...

Heimweg und ein Hund

Von der Wattseite her wehte in kleinen Stößen ein nasser Südwestwind. Um noch ein Stück am Strand entlangzulaufen, kletterten Otmar und seine fünf Gäste vom Weg ab auf die Dünen, die zum Dorf hin höher wurden. Es war tiefe Ebbe, das Wasser war ganz flach geworden. Über dem Wasser lagen Nebelschleier, durch die man die Lichter des Leuchtturms von der Nachbarinsel Wangeroog kaum sehen konnte.

Sie liefen im Gänsemarsch durch den Dünensand; denn sie wollten den angepflanzten Strandhafer nicht zertreten, der die großen Sandberge am Wandern hindert und so die Insel vor der See schützt. Vornweg lief Otmar, ihm folgten Kurtchen, Evelyn und Sabine. Dirk und Pelle bildeten den Schluß der Reihe. Es war nun richtig dunkel geworden und fast ein bißchen unheimlich in der menschenleeren Dünenlandschaft. Plötzlich schrie Sabine:

«O Gott, Otmar, Dirk! Da ... da ... ein Tier!»

Alle blieben wie angewurzelt stehen und guckten in die Richtung, in die Sabines ausgestreckter Arm zeigte.

«Wo denn?» fragte Dirk.

«Ich seh nix», sagte Otmar.

«Vielleicht ein Löwe», flachste Pelle.

«Hier gibt's keine Löwen, du Dummer!» meinte Kurtchen ernsthaft.

«Seelöwen aber doch!» sagte Pelle.

«Ich fürchte mich», flüsterte Evelyn.

Da war der geduckte, schattenhafte Körper wieder. Zwischen Strandhaferbüscheln schlich er in weitem Bogen um die Kindergruppe.

«Ein Hund», stellte Otmar fest.

«Heee, Hund!» rief Kurtchen.

Das Tier kam ein Stück näher. Jetzt war es deutlich zu erkennen.

«Ksch!» zischte Pelle und bückte sich, als ob er einen Stein aufheben wollte, obschon es dort gar keine Steine gibt.

«Laß das sein, du Idiot!» schimpfte Sabine.
Der Hund war ein paar Meter zurückgesprungen, lief aber nicht davon, sondern stand fluchtbereit im Sand und blickte zu ihnen herüber.
«Ich kenn den gar nicht», sagte Otmar. «Das ist ein fremder Hund. Ich kenn alle aus dem Dorf. Aber den nicht. Den hab ich hier auf der Insel noch nie gesehen ...»
«Aber wie soll der denn hergekommen sein?» überlegte Dirk.
«Vielleicht ist es ein Wolf», sagte Sabine.
«Nee», meinte Kurtchen. «Wölfe sind größer.»
«Es gibt auch kleinere», beharrte Sabine.
«Wo soll wohl ein Wolf hierherkommen?» meinte Pelle spöttisch und wollte sich bereits wieder bücken, um den Hund mit einer drohenden Bewegung zu verjagen.
Otmar hinderte ihn daran.
«Hör auf», sagte er. «Kann doch sein, er braucht Hilfe!»
«He, Hund, Hundchen ... komm mal her!» rief Kurtchen schmeichelnd.
«Aber wenn das nun wirklich ein Wolf ist ...» jammerte Evelyn.
«Dann bist du das Rotkäppchen», sagte Kurtchen.
«Oder die Großmutter ...» lachte Dirk.
Otmar winkte den fünfen stehenzubleiben und ging ganz langsam, Schritt für Schritt, auf den Hund zu. Dabei redete er mit halblauter, betont sanfter Stimme auf ihn ein.
«Ein soo feiner Hund ... ei, der gute Hund ... nun laß dich doch mal ansehen, feiner, guter Hund ... ei, so ist das fein!»
Der Hund legte den Kopf schief und sah den näher kommenden Otmar aufmerksam an. Seine Augen leuchteten ... nein, sie glommen grünlich, wenn der Leuchtturmscheinwerfer über ihn hinweghuschte.
Außerdem blinkte an seinem Hals irgendwas Metallisches, eine Hundemarke oder so was.
«Ein Wolf ist das nicht, Evelyn», sagte Sabine leise. «Die haben keine Steuermarken um!»

«Kluges Kind», bemerkte Pelle; aber auch er sprach nun leise, denn inzwischen hatte sich Otmar bis auf drei, vier Meter dem reglosen Tier genähert, hockte sich hin und streckte die Hand aus, indem er immerzu weitersprach:
«Na, komm doch mal zu mir, feiner Hund. Ich tu dir doch nichts ... Nun komm, komm ... feiner Hund!»
Es war richtig spannend, und die Kinder hielten den Atem an und bewegten sich nicht. Der Hund wich nicht zurück. Noch immer sah er wie gebannt auf den großen Jungen, der mit ausgestreckter, offener Hand vor ihm kauerte und mit ihm redete: «Wie heißt du denn? Komm doch mal her! Na, nun komm schon ... Ich geb dir auch was Feines, feiner Hund! Na ... nun komm schon ...»
Und tatsächlich, ganz sachte setzte der Hund erst eine und dann noch eine Pfote vor, und dann wedelte er einmal zaghaft mit dem langen, geringelten Schwanz langsam hin und her, und dann hob er schnüffelnd die Nase und kam auf Otmar zu.
«Er kommt!», wisperte Sabine.
«Er mag Otmar gern riechen!» sagte Pelle.
«Hoffentlich beißt er nicht», flüsterte Evelyn und faßte Kurtchen am Jackenärmel.
«Der beißt nicht», sagte Dirk.
«Glaub ich jetzt auch nicht mehr ...» bestätigte Kurtchen.
Sie waren gescheit genug, ganz leise zu reden und Otmars Aktion nicht durch Bewegungen zu stören.
Nun hatte das Tier die ausgestreckte Hand des Jungen erreicht und beschnüffelte sie. Otmar sprach immer weiter: «So ist es aber brav, mein feiner Hund ... Du bist ja ein richtig braver Hund», und so weiter.
Kurtchen spürte ein Kitzeln in der Nase, biß sich auf die Lippen und hielt den Atem an, um jetzt nicht niesen zu müssen und das mißtrauische Hundetier damit zu verjagen.
Nun streckte der Hund seine rosa Zunge aus und leckte an Otmars Hand. Otmar kraulte ihm behutsam den Kopf. Es war geschafft.

«Ein Stück Bindfaden!» flüsterte Otmar halb über die Schulter. «Hat keiner ein Stück Bindfaden?»
Alle kramten in ihren Taschen, aber nur Pelle kramte mit Erfolg. Er warf Otmar das Knäuel Band zu, das der große Junge nun am Halsband des Hundes festknüpfte.
«Es ist besser, wir nehmen ihn mit», sagte er, «denn wenn er frei in den Dünen rumläuft, schießt ihn möglicherweise einer der Jäger über den Haufen.»
«Jäger?» fragte Sabine. «Gibt's hier Jäger? Was jagen die denn?»
«Walfische!» flachste Pelle.
«Äffchen», spottete Dirk.
«Nee, sag mal ehrlich», fragte Kurtchen, «gibt's hier tatsächlich Jäger, Otmar?»
«Ja», erwiderte Otmar, der nun mit dem fremden Hund an der Leine zurück auf den Weg kam, «ein paar Leute aus dem Dorf jagen in den Dünen Hasen oder Rebhühner oder Fasanen und so was. Das ist nicht doll, Hirsche gibt's keine, aber wenn sie die Hasen nicht jagen würden, hätten wir bald mehr davon, als gut ist.»
Die Kinder, außer Evelyn und Pelle, streichelten den Hund, der sich das schwanzwedelnd gern gefallen ließ. Evelyn streichelte ihn nicht, weil sie ängstlich war, und Pelle meinte verächtlich: «So 'n dreckigen Köter faßt ihr an? Paßt bloß auf, daß ihr euch keine Flöhe holt!»
«Meine Güte, bist du doof!» sagte Dirk, der ein Hundenarr war, und sah Pelle ärgerlich an. «So 'n netter Hund ...»
«Ich bin doof?» motzte Pelle, ging auf Dirk zu und nahm eine drohende Haltung an. «Warte, das zeig ich dir!» Es sah nach einer Keilerei aus – aber dazu kam es nicht, weil der Hund plötzlich und unerwartet auf Pelle losging und ihm knurrend die Zähne zeigte.
«He», sagte Pelle und blieb stehen, «was soll das denn? Der hat was gegen mich!»
«Klar», lachte Otmar, «ich würde als Hund auch nicht begeistert

sein, wenn einer dreckiger Köter zu mir sagt und mir Flöhe unterstellt...»
«Das kann er doch nicht verstehen», sagte Pelle verdutzt, «außerdem stimmt's. Der ist doch dreckig!»
«Hunde verstehn mehr, als du glaubst», erklärte Otmar, «und Pferde auch. Die merken schon an einem Blick oder an einer Handbewegung, ob einer in Ordnung ist oder nicht.»
«Aber ich bin doch nicht in Unordnung, zum Kuckuck», sagte Pelle leise, «was kann ich denn dafür, daß er mich nicht leiden kann?»
Sie redeten noch auf dem ganzen Heimweg über Tiere. Jeder wußte eine Geschichte von anhänglichen Katzen, treuen Hunden, klugen Papageien, zutraulichen Goldhamstern und so weiter. Der fremde Hund trottete brav am Bindfaden neben Otmar her und tat so, als ob er dazugehöre und zuhöre.
«Wie wollen wir ihn denn nennen?» fragte Kurtchen. «Er muß doch einen Namen haben... oder?»
«Fiffi», schlug Pelle vor, «alle solchen Mischköter heißen Fiffi!»
«Du bist wirklich unausstehlich!» sagte Bine zu ihm. «Und dann wunderst du dich, wenn er dich nicht leiden kann!»
«Hasso», sagte Dirk.
«Das klingt so edel», widersprach Evelyn, «preisgekrönte Schäferhunde heißen Hasso – aber das trifft ja nun nicht auf ihn zu, wie 'n preisgekrönter Schäferhund sieht er beim besten Willen nicht aus.»
«Fragt ihn doch mal, wie er heißt», sagte Pelle bissig, «wo er so 'n kluges Tier ist, kann er es vielleicht selber sagen, wie? Ich würd ihn mal fragen...»
«Sag mal, du Hund», fragte jetzt Kurtchen tatsächlich, «wie heißt du?»
«Wuff», machte der Hund.
«Na also, na bitte!» rief Otmar. «Er heißt Wuff. Ist das denn kein schöner Name für 'n Hund? Hallo, Wuff!»
«Wuff», machte der Hund und sprang an Otmar hoch. Sie hatten

das Haus erreicht. Frau Glardon kam auf die Terrasse.
«Was habt ihr denn da?» fragte sie und deutete auf den Hund, der sie mit schiefgelegtem Kopf, aus dem Maul zipfelnder Zunge und braunen Augen ansah.
Otmar erklärte, wie und wo sie das Tier gefunden hatten. Frau Glardon zog die Nase kraus, dann sagte sie: «Na schön, meinetwegen – aber er muß gebadet werden, ehe ich ihn ins Haus lasse. Wie heißt er denn?»
«Wuff», sagte Kurtchen.
«Wuff», wiederholte der Hund. Sie fanden das so aufregend, daß sie beinahe das Lachen vergessen hätten.
Um das Hund-Baden-Dürfen gab es beinahe wieder Streit. Otmar griff schließlich ein und ordnete an, daß Kurtchen und Bine es übernehmen sollten – während Evelyn und Pelle ihm zwei Näpfe sauber und was zu Trinken und zu Essen machen würden.
«Ich?» sagte Pelle.
«Ja, damit er merkt, daß du nur schlecht über ihn redest, aber sonst ganz nett bist», sagte Evelyn.
«Ihr habt alle einen Hammer», knurrte Pelle, fing aber schon an, den Steingutnapf zu scheuern, den ihm Frau Glardon hingestellt hatte.
«Und ich?» fragte Dirk.
«Du holst oben vom Boden eine alte Wolldecke», sagte Frau Glardon, «neben der großen Truhe.»
«Ach so, als Bett für den Hund!» sagte Dirk und kletterte die steile Stiege hinauf.
«Was ist mit der Stute?» fragte Evelyn Frau Glardon.
«Sie ist nicht ruhiger geworden. Ich werde morgen mal den Tierarzt anrufen, was das wohl sein kann. Wenn sie wenigstens fressen würde», sagte Frau Glardon und machte wieder das ernste Gesicht, das nicht zu ihr paßte.

Streit wegen Wuff

Nach dem langen ersten und ereignisreichen Tag schliefen Sabine, Evelyn, Dirk, Pelle und Kurtchen wie die Murmeltiere fast zehn Stunden. Es war acht Uhr vorüber, als Otmar am nächsten Morgen alle weckte. Er hatte schon mit seinem vorsintflutlichen Fahrrad Brötchen aus dem Dorf geholt. Dazu gab es Kakao, Butter, Honig und Marmelade. Pelle aß vier, Dirk, Sabine und Kurtchen aßen jeder drei, Evelyn war mit einem satt.

«*Ein* Brötchen?» fragte Dirk. «Hast du Angst um deine Figur, Äffchen?»

«Die moderne Dame trägt schlank», spöttelte Pelle.

«Ich hab keinen Hunger», sagte das Mädchen, «zu Hause trink ich manchmal morgens nur ein Glas Saft und esse überhaupt nichts bis mittags.»

«Das habe ich von so vielen Filmstars auch schon gelesen», sagte Sabine, «aber ich würde lieber dick sein als hungern.»

Otmar hörte sich die Gespräche an und amüsierte sich, ohne etwas dazu zu sagen. Als schließlich die Brötchen bis auf ein einziges aufgegessen waren und die Kakaokanne auch keinen Tropfen mehr hergab, schlug er vor, das Frühstück zu beenden und «an die Arbeit» zu gehen.

«Arbeit?» sagte Pelle. «Ich höre immer Arbeit. Können wir denn nicht mal was Vernünftiges machen?»

«Hältst du Arbeit nicht für vernünftig?» fragte Kurtchen.

«Nee», sagte Pelle trocken, «ich könnte ganz gut ohne auskommen.»

«Du kannst ja im Bett bleiben», meinte Otmar, «wir anderen reiten ans Ostende.»

«Aber da will ich mit», rief Pelle. «So 'ne Arbeit lehn ich doch nicht ab. Das ist ja keine richtige Arbeit ...»

«Für die Pferde schon», sagte Otmar.

«Okay», lachte Pelle, «aber ich bin ja kein Pferd.»

Wuff, der, ohne sich zu mucksen, die ganze Nacht auf seiner Wolldecke gelegen hatte, saß nun aufmerksam vor den Kindern und sah ihnen zu, als ob er gemerkt hatte, daß von Aufbruch und Ausflug die Rede gewesen war, und als ob er nun sagen wollte: Vergeßt bloß nicht, mich mitzunehmen, Leute!

Als sie losgingen, kam ihnen von der Winterweide her Frau Glardon entgegen. Sie hinkte ein bißchen und machte ein finsteres Gesicht.

«Was ist los?» fragte Otmar. «Bist du gefallen?»

«Nein», erwiderte sie, «Jörp hat nach mir geschlagen, als ich versuchen wollte, ein wenig beruhigend auf sie einzureden. Zum Glück bin ich noch zur Seite ausgewichen. Sie hat mich nur am Schienbein gestreift. Das hätte dumm ausgehen können. Ich bin ganz verzweifelt – so was ist mir noch niemals mit einem Pferd passiert. Ich kann mir überhaupt nicht erklären, was das Tier hat.»

«Ruf doch Doktor Janssen an», sagte Otmar, «vielleicht kann er mit dem Mittagsschiff mal rüberkommen und sich die Stute ansehen – er braucht dazu doch nicht länger als eine Stunde, und das Schiff zum Festland fährt gegen vier, damit kann er dann zurück.»

«Gute Idee», sagte Frau Glardon, «ich will's versuchen. Und was habt ihr vor?»

Otmar berichtete. Sie gingen anschließend auf die Weide und holten sich sechs Pferde, die der große Junge ihnen vorher gezeigt hatte. Kurtchen bekam wieder Gauski. Sabine half ihm, das Pferd zu holen, zeigte ihm, wie es gestriegelt und gesattelt werden mußte, erklärte ihm, was er nicht wußte, und war überhaupt wie eine richtige große Schwester zu ihm.

Mit den sechs Pferden bereiteten sie in der Sattelkammer ihren großen Ausritt vor. Wuff, der Hund, wuselte zwischen den Kindern und Pferden herum, ohne sich vor den Hufen zu fürchten. Er war sehr neugierig und schnupperte in alle Ecken und sprang zwischendurch mal eines der Kinder an, um seine Anhänglichkeit kundzutun, oder lief von einem zum andern und guckte zu, wie sie die Pferdefelle bürsteten, Hufe auskratzten, Mähnen und

Schwänze kämmten ...
Auf einmal – er war gerade zwischen Pelle und Sabine – jaulte Wuff auf und sauste mit eingekniffenem Schwanz und angelegten Ohren aus dem Stall ins Freie.
«Du bist aber gemein!» rief Sabine.
«Ich?» fragte Pelle.
«Ja, dich mein ich. Das weißt du ganz genau! Warum trittst du nach dem Hund? Er hat dir überhaupt nix getan, und du trittst ihn. So gemein!»
«Ich hab ihn nicht ...» widersprach Pelle.
«Doch!» rief Sabine empört. «Ich hab's genau gesehen!» Kurtchen rannte aus dem Stall und rief draußen nach dem Hund.
«Das find ich fies», sagte Dirk.
«Ja, richtig niederträchtig», pflichtete ihm Evelyn bei.
«Du hältst den Mund, Äffchen!» knurrte Pelle.
«Ich sage, was ich will», gab das Mädchen zurück. «Und schon erst recht, wenn ich was niederträchtig finde – Tierquälerei zum Beispiel!»
«Tierquälerei – ich glaube, du hast sie nicht alle!» sagte Pelle. «Bloß so 'n Stups mit der Fußspitze, weil er mir immer zwischen den Beinen rumgeschlichen ist ... das kann einen doch schließlich nervös machen – oder?»
«Also hast du ihn doch getreten», sagte Otmar.
«Getreten nicht – nur so mit der Fußspitze ...» knurrte Pelle.
«Geschrien hat er aber richtig, als hätt es ihm weh getan», sagte Evelyn.
«Na, die stellen sich auch immer gleich so an, solche Köter», sagte Pelle. «Und nun laßt mich gefälligst in Ruhe – so 'n Wind wegen bißchen Hundegejaule ...»
Kurtchen kam mit Wuff wieder in den Stall.
«Du bist ein mieser Heini», sagte er zu Pelle.
«Jetzt fängt Kurtchen auch noch an!» Pelle war wütend. «Findet ihr das vielleicht gut – so alle gegen einen?»
«Gestern, als ihr alle gegen Evelyn gestachelt habt, hast du auch

nichts dabei gefunden», sagte Kurtchen, «und dabei hatte sie nicht so was Mieses gemacht wie du – 'n Hund treten, also ich hab da keinen Nerv für.»

«Meine Güte, habt ihr nix andres, über das ihr euch aufregen könnt?» motzte Pelle. «Vielleicht kann uns Äffchen mal 'n bißchen was aus der Fabrik ihres Vaters erzählen ... wie da Leute geschunden werden oder so – dann kommt ihr auf andere Gedanken, ihr Doofköppe, als eure Mitleidsarie mit 'nem hergelaufenen Hund, zum Donnerwetter!»

«Das versteh ich nicht», sagte Sabine.

«Was hat denn dein Tritt nach Wuff mit Leuten zu tun, die in der Fabrik von Evelyns Vater geschunden werden?» sagte Dirk erstaunt. «Werden in der Fabrik bei euch Leute geschunden?» fragte er Evelyn.

«Ich weiß nicht», sagte Evelyn leise.

«Natürlich weiß sie da nix von», sagte Pelle mit leichtem Triumph in der Stimme, weil er sie alle ein wenig unsicher gemacht hatte, «woher soll sie das denn auch wissen, daß ihr Vater sein Geld mit der Arbeitskraft anderer Leute verdient. Laß dir das mal von meinem großen Bruder erzählen, wie Millionäre zu ihren Villen und Luxusautos kommen – da gehn dir die Augen über!»

«He», warf Otmar ein, «nun brems dich aber, Pelle! Sicher gibt's da eine Menge Dinge, die nicht in Ordnung sind – überall. Und das muß auch geändert werden, sobald es geht ... aber ich weiß nicht, ob man deshalb nach Hunden treten darf, weil die Welt einem nicht gefällt. Die Hunde sind gewiß nicht schuld an der Ungerechtigkeit und an so was allem ...»

«Hört auf, Leute», sagte Dirk, «wir wollten doch reiten und nicht streiten – oder täusch ich mich da?»

«Seid ihr alle fertig?» fragte Otmar. «Auch du mit Gauski? Du, Kurtchen?»

«Alle fertig», meldete Kurtchen.

Sie ritten im Gänsemarsch durchs Dorf. Vornweg Otmar auf einem schönen Falben, hinter ihm Kurtchen, dann Dirk, Sabine und Pelle und am Schluß Evelyn. Dirk rief Kurtchen immer mal zur Erinnerung zu: «Hacken runter, Kurtchen! Oberschenkel ran! Lose den Zügel!» Kurtchen korrigierte jedesmal seinen Sitz und seine Haltung und kam sich ungeheuer doll vor, wie ein Trapper, der durch die Prärie reitet, wie ein Jäger auf der Spur eines weißen Hirsches... jedenfalls außerordentlich abenteuerlich. Nebenbei ging ihm das Streitgespräch durch den Kopf. Wie das geklungen hatte... in der Fabrik werden die Leute geschunden... Richtig schlimm hatte das geklungen. Er mußte mit Evelyn darüber reden. Vielleicht konnte er ja mal so eine Fabrik besichtigen, um nachzusehen, was an Pelles Worten richtig war... obwohl das kaum vorstellbar war. Sicher gab es einiges, worüber Kurtchen schon manchmal nachgedacht hatte und was durchaus nicht in Ordnung war. Er brauchte nur daran zu denken, wie abgerissen einige der Jungen gewesen waren, als sie ins Heim kamen, und wie dünn und hungrig manche gewesen waren – nur weil ihre Väter oder Mütter zu arm waren, ihren Kindern heile Hosen zu kaufen oder genug zu essen... Und wenn er dann an Evelyns Koffer mit all den Kostümen und Kleidern und Reitsachen dachte – und wenn er überhaupt daran dachte, daß sich so einen Urlaub eigentlich nur Kinder leisten konnten, die reiche Eltern hatten, während andere Kinder nie aus ihrer Stadt mal richtig rauskonnten, von Reiten ganz abgesehen, wenn er an all das dachte, dann wurde er schon ganz durcheinander... und auch wütend über soviel Ungerechtigkeit und Unrecht – aber *er* hätte noch so wütend sein können, deshalb hätte er doch niemals nach einem Hund getreten wie vorhin Pelle... wo war der Wuff eigentlich? – Ach, da lief er, weit voraus. Er wandte sich immer mal um und blickte zurück zur Reitergruppe, aber dann trottete er wieder geradeaus und lief nach links oder rechts in die Dünentäler, schnüffelte und freute sich seines Lebens...

Ausritt mit Lagerfeuer

Auch die fünf Kinder freuten sich ihres Lebens. Evelyn und Pelle, die ja schon einmal auf der Insel gewesen waren, kannten die überraschende Wirkung solcher Ausritte bereits, aber Sabine, Dirk und Kurtchen erfuhren zum erstenmal, wie so ein Ritt durch die Dünen, am Strand entlang, unter dem hohen Himmel am Rande der schäumenden See die Stimmung beeinflußt. Es war richtig aufregend zu spüren, daß die Landschaft und die Tiere alles veränderten, daß auf einmal so ein Streit wie vorhin lächerlich wurde, daß man gute Laune bekam, wo man eben noch mißmutig oder verzagt gewesen war, daß der Wind die dummen Gedanken wegblies, daß alles unwichtig wurde – nur der Rhythmus des trabenden Tieres, die Wolken, die Weite und das Wasser.

Sie ritten mit Rücksicht auf Kurtchen ziemlich langsam, obwohl Otmars Pferd immer mal wieder loszugaloppieren versuchte. Nach einer Stunde rasteten sie neben einem langen Priel am Strand, saßen ab und fütterten die Pferde mit ein paar Händen voll Hafer, den sie in ihren Hosentaschen mitgenommen hatten. Otmar zeigte Kurtchen, wie man die Sattelgurte prüft, und Dirk und Pelle balgten sich um eine besonders große, schöne Möwenfeder. Wuff rannte hinter einem Holzstück her, das Sabine warf, in die Wellen. Als er wieder an den Strand kam, schüttelte er sich. Die Tropfen sprühten. Alle, die in seiner Nähe standen, kriegten nasse Hosen.

Sie ritten dann wieder heimwärts, am Strand bis zum hölzernen Seezeichen, quer durch die Dünen und durchs Dorf. Es war zwölf, als sie am Stall die Pferde absattelten und mit Strohbündeln trokkenrieben. Halb eins saßen sie wieder um den großen Tisch. Frau Glardon hatte viele frische Schollen gebraten. Es herrschte Eintracht und Frieden beim Essen. Sie waren auch alle viel zu hungrig, um sich nebenbei noch zu streiten.

Der Nachmittag, der Abend und der nächste Vormittag waren angefüllt mit tausend Arbeiten: An der einen Weide mußte ein

Zaun ausgebessert werden. Die Haferkisten im Stall mußten frisch gefüllt werden. Das restliche Heu mußte eingefahren und unter Dach gebracht werden, und es gab eine Reihe Malerarbeiten, denen sich vor allem Dirk begeistert widmete. Er strich die Stalltür frisch grün, die Futterkrippen braun, die Gartenpforte weiß – so daß er schließlich grün-weiß-braune Hände und Hosen hatte. Wuff war ebenfalls weiß gemustert, weil er gegen die frischgestrichene Gartenpforte gelaufen war. Das sah wirklich sehr komisch aus. Pelle half Otmar, sechs Pferde neu zu beschlagen. Er war sehr stolz auf diese Leistung und gab nun große Sprüche von sich, als ob er ein alter Hufschmied sei.
Frau Glardons Sorge wegen der Stute Jörp war nicht mehr so groß wie am Tage zuvor. Der Tierarzt war dagewesen und hatte das Pferd untersucht. Es war keine Krankheit festzustellen gewesen, jedenfalls nichts, was mit ärztlicher Behandlung und Kunst zu heilen gewesen wäre. Und wenn die Unruhe des Pferdes ihre Ursache in großem Heimweh hatte – dagegen gab es ohnehin keine Medikamente. Also hatte Frau Glardon nicht mehr ein ganz so ernstes Gesicht. Sie lächelte bereits wieder.
Nach dem Essen verkündete sie, daß am Spätnachmittag bis in den Abend hinein eine große Picknick-Ausfahrt geplant sei. Würstchen, Apfelsaft und Sprudel sollten auf dem Leiterwagen ans Ostende gebracht werden. Dorthin sollten die Kinder mit Otmar reiten, dort sollten sie Holz sammeln und ein großes Feuer machen, in dem dann die Würste gebraten würden.
«Wenn das Wetter nicht umschlägt», sagte Otmar, nachdem der erste Begeisterungstrubel vorüber war, «könnten wir ja anschließend ans Lagerfeuer noch ein kleines Nacht-Gelände-Spiel machen, was meint ihr?»
Sie meinten alle das gleiche: «Dufte!» – und halb sechs ging es los. Frau Glardon lenkte den Wagen, auf dem der Proviant war. Otmar und die fünf Kinder ritten mit Hallo, von Wuff umspielt, hinter dem Wagen her, überholten ihn, als sie das Dorf verlassen hatten, und trabten voraus zum Oststrand. Während Pelle und

Otmar bei den Pferden blieben, begannen die anderen trockenes Treibholz zu sammeln und zu einem Stoß zu schichten. Eine halbe Stunde später traf Frau Glardon mit dem Leiterwagen ein. Zur Überraschung der fünf saßen noch sieben Jungen und Mädchen aus dem Dorf darauf, die unterwegs auf Frau Glardons Einladung zugestiegen waren und mit picknicken wollten. Das waren alles Insulanerkinder, die auf so lustige Namen wie Fokko, Heiko, Wiebke, Mette und so weiter hörten und untereinander Plattdeutsch sprachen, was die fünf nicht verstehen konnten. Die Inselkinder suchten gleich mit Holz, während Otmar die Pferde an den Leiterwagen band und den Proviant ablud.

Der Wind drehte von Südosten nach Südwesten, wurde stärker und kühler – und Otmar schaute ein paarmal mit zusammengekniffenen Augen nach dem Himmel und runzelte die Stirn.

«Glaubst du, daß es schlechtes Wetter gibt?» fragte Dirk.

«Nach gutem sieht es nicht aus», gab Otmar zurück. «Ich nehme an, daß es spätestens morgen regnet. Gut, daß wir das Heu von den Wiesen haben ...»

«Es gibt wahrscheinlich Sturm», sagte einer der Inseljungen, der danebenstand.

«Woher weißt du das?» fragte Kurtchen, schmiß den Armvoll Holz, den er gerade gebracht hatte, in den Sand und versuchte, die Teerflecken von Pulli und Hemd zu wischen, die er sich beim Sammeln geholt hatte.

«Die Möwen sind alle an Land», erklärte der Junge, «immer wenn ein Sturm kommt, gehen die Möwen auf die Felder und Wiesen oder rüber aufs Festland. Bloß draußen auf der See bleibt keine ... oder siehst du eine?»

Kurtchen guckte. «Nein», sagte er, «tatsächlich! Und wie lange dauert das jetzt, bis es losgeht?»

«Weiß nicht», sagte der Junge, «das kann noch Stunden dauern. Die Möwen sind meistens schon lange vorher an Land.»

Sie schleppten noch viel Holz zusammen, das verstreut am Strand lag: Bohlen, Bretter, kaputte Kisten, ein zerbrochenes Faß, Baum-

stämme und was so alles von der See auf den Sand gespült wird. Als es anfing dunkel zu werden, war der Holzhaufen fast drei Meter hoch und Otmar zündete ihn an. Das prasselte und knisterte und krachte, und die Flammen schlugen in den Himmel, und die Funken sprühten weit über den Strand. Frau Glardon, Otmar und die Kinder saßen und standen im weiten Halbkreis und freuten sich über das Feuer und riefen «Ah!» und «Oh!», wenn brennende Teile zusammenstürzten und Flammen und Funken hochwirbelten gegen den inzwischen fast dunklen Himmel, der nur im Westen noch über dem Wasser rotgestreift war. Es brannte nahezu eine Stunde, dann erst konnte Otmar den Eisenrost über die Glut schieben, auf dem die Würste lagen. Sofort zog allen der Brutzelduft in die Nase, und sie erinnerten sich an ihren Hunger, den sie bis dahin vor lauter Spaß am Feuer ganz vergessen hatten. Frau Glardon verteilte die Pappbecher und schenkte Apfelsaft und Sprudel aus, dann waren auch schon die ersten Würste gar und konnten gegessen werden. Der eine Rost voll reichte gerade für die ganze Runde; Otmar schichtete die nächsten auf das Eisengitter und schob sie über die Glut.
Die zwölf Mädchen und Jungen saßen ziemlich still mit ihren Würsten und Saft- oder Sprudelbechern ums Feuer und aßen und tranken.
«Gefräßige Stille», sagte Pelle.
«Das ist die beste Stille», ergänzte Frau Glardon.
Bis auf ein paar Stück Brot wurde der gesamte Proviant alle. In den Flaschen blieb auch kein Tropfen. Die Mädchen räumten alles zusammen, während die Jungen die Glut mit Sand bedeckten.
Otmar rief in die Runde: «Wie ist das, Herrschaften, wollen wir noch ein Geländespiel machen?»
«Ja», riefen alle zurück.
«So 'ne Frage!» fügte Pelle hinzu.
Otmar teilte ein. Die eine Gruppe – zwei Mädchen und zwei Jungen aus dem Dorf mit Kurtchen und Evelyn – mußte ein Dünental verteidigen, das er ihnen genau beschrieb und in dessen Mitte ein kleines Kuschelwäldchen stand. Wer von der anderen Gruppe – Dirk, Sa-

bine und Pelle mit zwei Jungen und einem Mädchen aus dem Dorf – wer also von diesen sechs das Wäldchen erreichte, war ‹frei›, wenn er nicht vorher seinen Wollfaden am Oberarm verloren hatte. Otmar gab sechs weiße und sechs rote Wollfäden aus, die sich die zwei Parteien um die Arme binden mußten. Ein verlorener oder abgerissener Wollfaden bedeutete ‹tot› – und das hieß, daß der Betroffene aufhören mußte. Wuff, der Hund, satt von den vielen Wurststückchen, die ihm die Kinder zugeworfen hatten, schloß sich der Kurtchen-Gruppe an. Evelyn konnte es sich nicht verkneifen, Pelle deshalb anzufrotzeln: «Das ist wirklich ein sehr kluger Hund – er merkt sofort, wo er hingehört, wo ihn keiner quält oder tritt... nicht wahr, Wuff? Du bleibst bei unserer Gruppe!»
«Alte Ziege!» sagte Pelle ärgerlich. «Ich kann ja nach Hause gehen, wenn dir meine Nase nicht paßt.»
«Fühlst du dich getroffen?» piekste Evelyn höhnisch. «Ich habe doch gar nichts von *dir* gesagt?»
«Vertragt euch», warf Otmar ein, «so blöde Zankerei ist was für Leute mit 'm Riß in der Platte... und den habt ihr ja wohl nicht – oder?»
Die zwei Aufgaben – Eroberung und Verteidigung – wurden ausgelost. Pelles Partei mußte erobern, Kurtchens verteidigen. Alle hatten ihre ‹Lebensfäden› am Arm. Die sechs Verteidiger zogen ab, um sich einzurichten. Der Hund lief mit.
«Verlauf dich nicht im Dunkeln, Äffchen!» rief Pelle Evelyn nach. «Sonst beißt dir einer die Nase ab!»
«Kolossal witzig», gab Evelyn verächtlich über die Schulter zurück, «paß du nur auf, daß du nicht in ein Mauseloch fällst, Klugschnacker!»
Sie ahnte nicht, wie prophetisch das war, was sie sagte. Wenn Pelle auch nicht in ein Mauseloch fiel, in erhebliche Gefahr kam er doch, ehe das Spiel noch zu Ende war....

Spannendes Spiel auf Spiekeroog

Ohne die Jungen aus dem Dorf wäre das Geländespiel viel weniger aufregend und ganz gewiß schneller zu Ende gewesen. Aber die Insulaner kannten jeden Baum und Strauch – jedes Versteck und jeden Schleichweg in den Dünen, und sowohl Fokko, der bei Kurtchens Gruppe war, als auch Heiko, der in Pelles Gruppe die Pfadfinder-Aufgaben übernahm, beide waren sehr darauf bedacht, die fremden Kinder, die ‹Butländer›, wie sie sagten, so zu verteilen und einzusetzen, daß ihre Gruppe siegte.

Es war ausgemacht, daß Otmar bei keiner Partei mitspielte, sondern als Schiedsrichter im Dünental bereitstand, um zu entscheiden, welche Gruppe gewonnen hatte – falls das strittig werden sollte. Frau Glardon blieb bei dem Wagen und den Pferden. Der Wind hatte an Heftigkeit zugenommen. Es war jetzt ganz dunkel, auch der rote Streifen im Westen war erloschen. Der Himmel hatte sich bezogen. Kein Stern war zu sehen.

Nach einer guten Viertelstunde pfiff Otmar dreimal laut auf den Fingern. Das war das besprochene Zeichen, daß die Eroberer-Gruppe mit dem Anschleichen beginnen konnte. Die sechs anderen, die sich am Rande des Dünentals verteilt und versteckt hatten, lauschten angestrengt und saßen sprungbereit. Zunächst war außer dem Wind gar nichts zu hören. Kurtchen hatte Wuff neben sich. Sie saßen beide hinter einem Ginsterbusch.

«Paß schön auf, Wuff!» flüsterte Kurtchen. «Damit uns keiner durch die Lappen geht, verstehst du!»

«Wuff», machte Wuff leise und spitzte die Ohren.

«Pscht!» zischte Kurtchen.

Halbrechts vor ihm raschelte was im Strandhafer. Ganz sachte schob sich eine Gestalt auf allen vieren zwischen den Sanddornbeerenbüschen in Kurtchens Blickfeld. Er hielt den Hund am Halsband fest, damit der nicht vorzeitig aufsprang und den Anschleichenden warnte. Jetzt erkannte Kurtchen trotz der Dunkelheit sogar, daß es Pelle war, der da kroch. Er erkannte es an Pelles hellem Pulli und duckte sich tiefer hinter seinen Ginster, um ihn näher kommen und vielleicht sogar ein Stück vorbeischleichen zu lassen. Dann konnte er ihn halb von hinten anspringen, was ihn sicher verwirren würde.

Ganz langsam, Stück für Stück, fast Zentimeter für Zentimeter, schob sich Pelle, immer mal verharrend und nach allen Seiten sichernd, durch die Düne. Er ahnte nicht, daß er schon entdeckt war, schätzte nach einem prüfenden Blick die Entfernung zum Ziel, dem Wäldchen im Dünental ab – und überlegte, ob er nicht jetzt schon aufspringen und mit lautem Gebrüll, was die anderen sicher erschrecken würde, einfach losrasen sollte.

Noch ein paar Meter, dachte er, dann reicht mein Schwung bis zu den Bäumen ... und wollte sich gerade wieder in Bewegung setzen, als von der Seite ein Schatten auftauchte – nein, zwei Schatten ... und ehe er recht kapierte, was das war, der Hund ihn ansprang ... und als er noch erschrocken dem wieselflinken Tier ins Fell greifen wollte, eine Hand nach seinem Arm griff und – ratsch – den ‹Lebensfaden› abriß.

«Tot!» rief Kurtchen triumphierend. «Du bist ausgeschieden, Pelle ... los – weg vom Platz!»

«Das ... das ... das gilt nicht!» protestierte Pelle. «Also das ist ... das ist gemein – mit 'm Hund! Wieso darf der Hund überhaupt ...? Also nee, da mach ich nicht mit!»

«Wieso der Hund ...? Was?» fragte Kurtchen erstaunt. «Der darf genauso wie du und ich ... oder? Hat er dir was getan?»

«Erschreckt hat er mich – und das war nicht ausgemacht, daß der Köter mitmacht ...!»

«Stell dich doch nicht an, Pelle!» sagte Kurtchen jetzt. «Du machst doch bloß Putz, weil du dich ärgerst, daß du so fix tot bist.»

Wuff saß neben den streitenden Jungen und sah abwechselnd von einem zum anderen, wie ein Zuschauer beim Pingpong. Pelle war sehr wütend. Er war so wütend, daß er am liebsten geheult hätte – aber jetzt ging auf allen Seiten Geschrei und Rufen los, das Spiel war in vollem Gange.

«Ich muß los», sagte Kurtchen und lief schon auf das Getümmel zu, «und du bist tot, Pelle!» Wuff rannte hinter ihm her.
«Du kannst mich mal ...!» schrie Pelle. «Das gilt alles überhaupt nicht!»
Er trottete zwischen den sich jagenden und miteinander ringenden Kindern hindurch ins Dünental und suchte Otmar, um Protest gegen Kurtchen und Wuff einzulegen. Aber Otmar wimmelte ihn ab: «Wenn der Hund dich nicht gebissen oder sonstwie behindert hat, dann ist nichts dagegen einzuwenden, find ich, daß Kurtchen ihn praktisch als Trick benutzt hat.»
«Ihr seid alle parteiisch!» schimpfte Pelle und lief wütend davon. Er wollte mit dem ganzen Verein nichts mehr zu tun haben und rannte allein durch die Dünen in die Richtung, in der er den Ort vermutete.
Der Wind blies ihm kalt in den Rücken. Er fror und war so ärgerlich und unglücklich – auch über sich selber –, daß er alle Vorsicht vergaß und einfach drauflosrannte.
«Ich pack meine Sachen und hau ab», murmelte er, «sollen sie ihren Scheiß alleine machen.»
Das Spielgeschrei war schon weit weg. Der kalte Nordwest trieb es nur noch in Wellen zu Pelle. Die Strahlen des Wangerooger Leuchtturms streiften ihn, wenn er über eine der Dünen kletterte, von hinten.
Plötzlich, mitten im Rennen, trat Pelle in ein Erdloch – einen Fuchsbau oder was das war –, knickte mit dem rechten Fuß um, spürte einen stechenden Schmerz und fiel schreiend in den Sand, so gemein weh tat das. Da lag er und stöhnte. Er beugte sich vorsichtig zu dem schmerzenden Fuß und tastete ihn ab. Das Gelenk begann schon zu schwellen, und bei jeder Bewegung zog und stach es darin, als hätte jemand ein Messer hineingestoßen. Pelle liefen die Tränen übers Gesicht.
«Hiiilfe!» schrie er – und merkte sofort, daß der Wind seinen Hilferuf wegblies und davonwehte wie nichts. Die anderen konnten ihn bestimmt nicht hören, zumal er nicht oben auf einer Düne lag,

sondern zwischen den hohen Sandhügeln und außerdem nicht in ihrer Windrichtung. Er versuchte, sich auf allen vieren fortzubewegen – aber das tat so unheimlich weh, daß er es nach kurzem Krabbeln wieder aufgab. Wenn er doch wenigstens Streichhölzer bei sich gehabt hätte – dann könnte er versuchen, trockenes Gras zusammenzuraffen und ein Feuer zu machen, durch das sie auf ihn aufmerksam werden würden ... Was sollte das bloß werden? Vielleicht mußte er die ganze Nacht hier liegen – denn wer weiß, ob sie ihn gleich vermißten und suchten ... und wenn, ob sie ihn dann gleich finden würden? Wenn es nur nicht so kalt wäre – und wenn nur der Fuß nicht so blödsinnig weh tun würde! Es war zum Verzweifeln ... Pelle schrie noch mal, so laut er konnte: «Hilfeee!» – aber es rührte sich nichts ... nur der Wind wehte, und der Leuchtturm der Nachbarinsel schickte stumm und regelmäßig seine Lichtsignale über das wellige Gelände.
Pelle schleppte sich ächzend und mühsam aus dem Dünental ein Stück hinauf. Für die zwanzig oder dreißig Meter brauchte er fast eine halbe Stunde – dann, oben auf einer der Dünen angelangt, schrie er noch ein-, zwei-, dreimal aus Leibeskräften um Hilfe.
«Hiiilfe!» schrie er und «Hierher!» und «Otmar!» – aber es schien vergeblich zu sein, denn keiner kam.
Inzwischen war das Geländespiel anderthalb Kilometer westlich von Pelles Unfallort zu Ende. Kurtchens Partei hatte gewonnen, denn von den sechs Jungen und Mädchen besaßen noch drei ihren Lebensfaden, während die Eroberer-Partei nur mehr einen einzigen ‹Lebenden› aufweisen konnte. Sie zogen alle miteinander laut redend vor zum Strand, um nach Hause zu fahren oder zu reiten.
Kurtchen ging mit Dirk, Evelyn und Wuff am Schluß der Kolonne.
Der Hund lief direkt neben ihnen, und es fiel den dreien auf, daß er mehrmals stehenblieb, den Kopf hob und leise fiepte.
«Was hat er?» fragte Dirk.
«Weiß nicht», sagte Kurtchen.
«Vielleicht wittert er was?» meinte Evelyn.
«Einen von deinen Wölfen», spottete Dirk.

«Komisch», meinte Kurtchen. Sie gingen weiter. Am Strand sagte Frau Glardon: «Und wo ist eigentlich Pelle?»
Da fiel ihnen erst auf, daß Pelle fehlte. Kurtchen schilderte, wie er ihn überrumpelt hatte und wie böse Pelle gewesen war – und Otmar berichtete, daß der Junge bei ihm gegen Wuffs Mitwirkung protestiert hatte und dann, als er ihm nicht recht gegeben hatte, wütend davongelaufen war. «Dann wird er wohl heimgerannt sein», sagte Frau Glardon, «du mußt also einem der Jungen aus dem Dorf sein Pferd geben, Otmar! Vielleicht Heiko, wie? – Die anderen alle aufsitzen und aufsteigen, wir müssen uns beeilen – es riecht nach Regen und Sturm, dalli, Herrschaften, wenn ich bitten darf!»
Es ging auf halb elf, als sie alle ahnungslos in dreihundert Meter Entfernung an der Stelle vorbeiritten und -fuhren, wo Pelle im Dünensand lag und vor Schmerzen und Hilflosigkeit heulte. Wuff war der einzige, der nicht ahnungslos war – und er fing plötzlich auf dem Leiterwagen neben Frau Glardon an, verrückt zu spielen. Er bellte und jaulte und stupste sie immerzu mit der Nase an und tanzte herum und fiepste, als hätte er einen Drehwurm.
«Was ist bloß mit dem Hund?» fragte eins der Inselmädchen. «Gucken Sie nur, der ist ganz aus dem Häuschen!»
Frau Glardon hatte das auch schon gemerkt, hielt den Wagen an, um Otmar heranzurufen, der mit den anderen Kindern hinterherritt – da sprang Wuff mit kühnem Satz hinab, legte die Ohren an und sauste hell kläffend auf die Dünenkette zu. Weg war er!
«Reit ihm nach!» rief Frau Glardon Otmar zu. «Da ist irgendwas nicht in Ordnung!»
Der Hund war verschwunden, aber man konnte sein helles, aufgeregtes Gebell noch hören. Otmar ritt ihm nach. Auch Evelyn, Kurtchen, Dirk, Sabine und Heiko wollten hinterher, aber Frau Glardon hielt sie zurück: «Hiergeblieben, Leutchen! Wenn sich einer von euch in den Dünen die Knochen bricht, gibt's Heulen und Zähneklappern. Dort sollten wirklich nur die querbeet reiten, die sich auskennen und ihr Pferd ganz und gar beherrschen ... also

bitte!»
Die fünf murrten – aber sie gehorchten dann doch.
«Was das nur ist?» sagte Evelyn ängstlich.
«Vielleicht das Dünengespenst...» kicherte Heiko.
«Gibt's so was?» fragte Sabine leise.
«In Heikos Kopf!» sagte eins der Mädchen vom Leiterwagen herab.
«Hol du man dien Muul, Theda!» gab Heiko zurück, was «Halt du nur das Maul!» heißt und sofort Frau Glardons Protest auslöste.
Da kam Otmar im Galopp aus den Dünen zurück zum Strand. Wuff umsprang ihn wedelnd.
«Drüben liegt Pelle», sagte der Große, «er hat sich den Fuß verknackst oder gebrochen. Er kann nicht laufen. Kommt mal bißchen näher ran an die Dünen, wir tragen ihn auf den Wagen und schaffen ihn gleich zum Doktor.»
«Ein Glück, daß Wuff ihn gerochen hat», sagte Frau Glardon, während sie die Pferde zum Rand der Dünen über den Strand lenkte. «Wir hätten ja erst zu Haus gemerkt, daß ihm was passiert ist ... und dann hätten wir anfangen müssen zu suchen! Na, Mahlzeit, bei dem Sturm, der sich zusammenbraut!»

Zehn Minuten später lag Pelle auf dem Leiterwagen. Er war zwar ziemlich angeschlagen von den bösen Schmerzen in seinem Fuß, aber glücklich war er auch und streichelte dem Hund, der neben ihm stand und die Holperei des Wagens mit seinen vier Beinen ausbalancierte, immer wieder das Fell.
«Du bist schon ein dufter Hund, du», sagte er leise, «ich hätte ja glatt verhungern können ohne dich oder erfrieren oder sonst was ... bist schon sehr dufte, Wuff!»
«Wuff», erwiderte Wuff und wedelte leise ein wenig mit dem Schwanz, wobei er fast das Gleichgewicht verlor ...
Zum Glück war der Arzt zu Hause. Otmar und Dirk schleppten Pelle ins Untersuchungszimmer der Praxis, während die anderen

und Frau Glardon die Pferde versorgten und auf die Weide brachten.
Pelles Fuß war nicht gebrochen, wie der Doktor feststellte. Aber es war eine ziemlich schlimme Verstauchung und eine Sehnenzerrung.
«Wenigstens drei Tage absolute Bettruhe», ordnete der Arzt an, «und schön hochlegen das Bein, mein Junge! Ich mach dir erst mal einen dicken Salbenverband – und morgen komm ich noch mal nachgucken.»
«Scheißkram», murmelte Pelle, «drei Tage im Bett...»
«Gut, schimpf dich ordentlich aus», sagte der Doktor, «das fördert die Heilung!»
«Na ja... da soll man nicht fluchen», beharrte Pelle, «bei so schönem Wetter im Bett! Ich bin hergekommen zum Reiten, aber nicht zum Im-Heiabettchen-Liegen, verdammt noch mal!»
«Das schöne Wetter könnt ihr euch abschminken, mein Junge», sagte der Doktor, schmierte fingerdick kühle weiße Salbe rund um den Knöchel und legte einen festen Verband an. «Das ist fürs erste vorbei. Sie haben sogar Sturmwarnung gegeben, heute abend im Radio...»
«Stimmt das, Herr Doktor?» fragte Otmar, der danebenstand und interessiert zusah, wie Pelle verbunden wurde. «Sturmwarnung?»
«Ja», bestätigte der Arzt, «...in Böen bis Stärke 12, haben sie gesagt, und Hochwasser zeitweise zwei Meter über normal!»
«Na ja, die sagen oft was, was dann gar nicht eintrifft», meinte Otmar, «wir werden es ja sehen, wenn die Flut kommt, ob sie recht behalten. Schön wär's nicht – die ganzen Wattwiesen wieder unter Wasser...»
«Dann stellt euch mal den Wecker», sagte der Arzt, «damit ihr aufwacht, wenn es losgeht!»
«Dazu brauchen wir keinen Wecker», sagte Otmar, «der Nordwest pfeift uns dann schon aus dem Schlaf!»
Der Doktor war fertig. Pelle wurde auf Otmars Rücken gehievt

und von dem großen Jungen die zweihundert Schritt bis nach Hause getragen. Dirk lief nebenher und flachste: «Gib dem Roß die Sporen, Pelle – ach so, du kannst ja nicht – du hast ja keine ... los, Trab, Otmar, alte Mähre ... es fängt gleich an zu regnen, bißchen dalli, daß wir trocken nach Hause kommen!»
«Spinner», keuchte Otmar, «bei so 'nem Wind und bergauf und dann noch deine dummen Sprüche ... halt bloß die Luft an, sonst schlag ich aus!»
Es begann in diesem Augenblick tatsächlich zu regnen. Der Wind trieb ihnen die Tropfen ins Gesicht, und Otmar setzte sich mühsam in Trab und schleppte den lahmen Pelle wirklich ins Haus, ehe sie noch naß bis auf die Haut wurden.

Sturm

Der einzige, der in dieser Nacht richtig schlief, war Pelle. Er hatte vom Doktor eine Schmerzberuhigungstablette bekommen, die auch schläfrig machte – und so verpennte er die ganzen aufregenden Ereignisse, worüber er natürlich auch nicht froh war, denn er wäre bestimmt lieber dabeigewesen, als die anderen loszogen im Morgengrauen ... Aber der Reihe nach:
Es war halb zwölf geworden, ehe alle im Bett lagen. Draußen heulte der Wind ums Haus, brach sich jaulend und pfeifend an den Giebelwänden und warf Sand- und Regenschauer gegen die Fensterscheiben.
«OduheiligerStrohsack!» wisperte Kurtchen und lauschte.
«Mach dir keine Sorgen», beruhigte ihn Dirk, «die Insel geht so schnell nicht kaputt.»
«Du bist 'n feiner Tröster», sagte Kurtchen, «Insel kaputt ... daran habe ich überhaupt nicht gedacht ... aber jetzt denk ich natürlich dran ... und da fällt mir ein, daß wir irgend so was mal in Erdkunde gehabt haben ... ja ... ich glaube, das war auch 'ne

ostfriesische Insel, die da in zwei Teile gebrochen worden ist vom Sturm ... oder?»
«Bekloppt!» meuterte Dirk. «In zwei Teile gebrochen! Zieh die Bettdecke über 'n Kopf und schlaf gefälligst und erzähl mir keine Schauermärchen!»
«Doch, doch», Kurtchen blieb hartnäckig, «mitten durch die Insel ist die Sturmflut gebrochen, ja, mittendurch ... und alle Häuser weg und ... ja, Weihnachten, jetzt weiß ich's wieder, siebzehnhundertsiebzehn ... paar tausend Menschen sind da umgekommen, Mann, Mann ...»
«Dich laß ich auch gleich umkommen, wenn du nicht still bist, verflixt! Der Pelle schnarcht wie 'n Baumfäller und du –»
«Schnarchen Baumfäller?» fragte Kurtchen – aber Dirk gab ihm keine Antwort, sondern drehte sich auf die Seite und kuschelte sich in sein Kopfkissen.
Knapp vier Stunden später, kurz nach drei Uhr, es war schon dämmrig draußen, kam Otmar die steile Stiege heraufgepoltert und weckte Kurtchen und Dirk: «Kommt, Leute, los! Wir müssen die Pferde von den Wattwiesen holen. Zieht euch fix was an und kommt, so schnell ihr könnt!»
Der Sturmwind schlug ihnen wie mit hundert nassen Händen ins Gesicht, als sie aus dem Haus kamen. Frau Glardon verteilte im Schutz des Terrassendachs Öljacken und -kapuzen. Sie sahen aus wie eine Schar gelbe Zwerge. Kurtchens Jacke war zwei Nummern zu groß. Er kam sich darin vor wie zu Besuch. Alle fanden ihn komisch, aber es war keine Zeit, Witze zu machen, denn unter dem wilden Wolkenhimmel dehnten sich dort, wo am Abend noch die weiten, braungrünen Wiesen gewesen waren, glitzernde Wasserflächen bis zum Horizont. Wo die Wiesen etwas höher lagen, hatten sich die verängstigten Pferde gesammelt, aber auch dort spülte ihnen die Flut schon um die Knie.
«Wir holen uns alle Halfter, die im Stall sind», sagte Frau Glardon, «und dann bleibt ihr in meiner und Otmars Nähe. Ihr braucht keine Angst zu haben. Die Tiere sind froh, wenn wir kommen. Sie

merken, daß wir sie in Sicherheit bringen wollen. Im Grunde sind sie ja auch nicht gefährdet, denn das Wasser steigt nicht mehr – und es ist nirgends so tief, daß sie nicht stehen könnten. Aber sie sind ängstlich – und man weiß nie, was sie anstellen, wenn sie ängstlich sind. Also: Immer schön ruhig – und ganz sachte auf sie einreden! In einer Stunde haben wir sie alle im Trocknen – und dann machen wir's uns auch gemütlich, nicht wahr!»
Zum Glück regnete es nicht, so daß sie nur nasse Füße bekamen. Denn das Wasser war stellenweise tiefer, als die Gummistiefel hoch waren. Der erste, dem es oben reinschwappte, war Kurtchen, aber er sagte nichts, sondern lief mit quatschenden Socken unbeirrt weiter ... Evelyn und Sabine quietschten «Iiii», als ihre Stiefel Wasser schluckten, da es jedoch sinnlos war, sie jetzt noch auszuziehen und über die Schulter zu nehmen – und da sie darüber hinaus alle Hände für die Pferde brauchten, liefen auch sie ‹mit Wassereinlagen› weiter.
Die Pferde waren trotz des drohenden Wassers und jaulenden Windes erstaunlich ruhig. Sie standen zwar eng aneinander und prusteten, als Frau Glardon, Otmar und die vier Kinder kamen, aber sie scheuten nicht und ließen sich ohne weiteres die Halfter anlegen. Als Otmar den großen, schönen Wallach Windur, der immer so eine Art Anführer der Herde war, durch das tiefere Wasser führte, trotteten die meisten anderen Tiere hinterher. Nur sechs mußten am Halfter gehalten werden. Evelyn nahm eins, Dirk zwei, Sabine eins, und Kurtchen lief neben Gauski, obschon der auch allein gelaufen wäre. Frau Glardon bildete mit zwei Schecken den Schluß. So zogen sie zur höher gelegenen Winterweide, die ganz frei von Wasser war. Schwierigkeiten gab es nur mit der Stute Jörp, die sich weder fangen noch führen lassen wollte, unruhig die Mähne schüttelte und wiehernd weglief, wenn sich irgend jemand ihr auf mehr als fünf Schritte zu nähern versuchte.
«Was machen wir bloß mit ihr?» fragte Frau Glardon. «Wir können sie doch nicht allein draußen lassen?»
«Ich versuche es nachher noch mal zusammen mit Evelyn, Dirk

und Sabine», sagte Otmar, «vielleicht können wir sie einkreisen. Nein, draußen bleiben darf sie nicht. Notfalls bleibe ich bei ihr, bis das Wasser abgelaufen ist.»
Dazu kam es nicht, denn es gelang ihnen zu fünft, Jörp in einen Winkel der Weide zu treiben, der trocken und besonders eingezäunt war. Das Stück hieß die ‹Quarantäne-Wiese›. Dort wurden immer die Pferde untergebracht, die neu vom Festland kamen. Frau Glardon wollte damit verhüten, daß fremde Tiere Krankheiten einschleppten.
Jetzt war das kleine Wiesenstück gerade leer, die Kinder hatten Jörp durch das offene Gatter dorthin getrieben, und Otmar hatte das Gatter dann geschlossen. Nun konnte eigentlich nichts mehr geschehen.
Es war inzwischen vier Uhr vorüber. Der Wind hatte ein wenig nachgelassen. Über dem Ostende der Insel kriegten die Wolken erst rosafarbene und dann rote Ränder von der aufgehenden Sonne. Sie sahen aus wie Himbeerpuddinge für Riesen.
Die Kinder froren vor Müdigkeit und waren heilfroh, daß sie zurück ins Haus kamen, die nassen Stiefel und Strümpfe ausziehen und sich am Kamin, den Frau Glardon angezündet hatte, durchwärmen konnten. Sie hockten im Kreis auf den Ziegenfellen, die da lagen, schlürften heißen Kakao und waren ziemlich schweigsam.
«Pelle hat mal wieder Schwein gehabt», stellte Dirk fest, «verknackst sich im richtigen Moment den Fuß und kann in den Federn bleiben, während wir durch die Gegend sausen vor Sonnenaufgang . . .»
«Ich beneide ihn nicht», meinte Kurtchen, «im Gegenteil. Ich finde, er hat was verpaßt. Das war doch prima! Und schlafen werd ich jetzt wie Barbarossa!»
«Wer ist denn das?» wollte Evelyn wissen.
«Was, den kennst du nicht?» rief Kurtchen. «Friedrich der Hohenstaufenkaiser, der im Kyffhäuser schläft seit . . . ich weiß nicht wieviel hundert Jahren!»
«Nie gehört», sagte Evelyn.

«Laß dir dein Schulgeld von Knullebeen wiedergeben», sagte Kurtchen, und dann fing er an zu deklamieren: «Als Kaiser Rotbart lobesam ins Heil'ge Land gezogen kam ...»

«Hör auf!» schrie Dirk. «Hör mit dem Quatsch auf, Kurtchen! Wir haben den Blödsinn auch auswendig lernen müssen ...»

«Wenn dir dein Knullebeen das nicht unter die Weste gejubelt hat, Evelyn, ist er offensichtlich ein guter Pauker», stellte Sabine fest.

«Ja, mag wohl sein ...» sagte Evelyn und gähnte herzhaft.

«Gähnt sie jetzt, weil sie müde vom Pferdeholen ist», sagte Dirk, «oder weil du angefangen hast, Gedichte aufzusagen, Kurtchen?»

«Aber das muß man doch wissen», beharrte Kurtchen, «wer Kaiser Barbarossa ist und wo der Kyffhäuser steht und so was alles ... oder?»

«Wenn ich ausgeschlafen habe, kannst du mir's ja erzählen», sagte Evelyn, «aber jetzt hau ich mich erst mal hin.»

Sie verkrümelten sich alle. Eine Viertelstunde darauf war tiefe Ruhe im Haus. Sogar Wuff schlief fest auf seiner Wolldecke und spitzte erst beim zweiten Klingeln des Telefons – fast drei Stunden später – die Ohren.

Alarm!

Otmar erreichte das Telefon schlaftrunken, als es zum viertenmal läutete.

«Hier Otmar Glardon», meldete er sich heiser.

«Ja, gut ... ich bin Ubbo Hanssen ... am Anleger», sagte eine tiefe dunkle, aber offenbar aufgeregte Männerstimme. «Sie sind von dem Islandhof, nicht wahr?»

«Ja», sagte Otmar, «was ist denn, Herr Hanssen?»

«Hier schwimmt ein Pferd!» sagte der Mann.

«Was, bitte?» Otmar war sofort hellwach. «Ein Pferd? Schwimmt?

Wo denn? Was denn für 'n Pferd?»
«'n großes! Man kann ja bloß den Kopf sehen! Eben sind zwei Leute gekommen, die haben gesehn, wie's reingelaufen ist in die See. Vor paar Minuten. Und nun schwimmt's schon ein ganzes Stück draußen. Richtung Norden ... auf das offene Wasser zu. Ich hab gedacht, das ist vielleicht eins von Ihren, wie? ... Das hält ja wohl nicht lange durch ... oder?»
«Wir kommen sofort!» rief Otmar, schmiß den Hörer auf die Gabel und donnerte an die Tür des Zimmers, in dem seine Mutter schlief.
«Ein Pferd schwimmt in der See!» rief er – und Frau Glardon, die schon Bruchstücke des Telefongesprächs mitgekriegt hatte, antwortete nur: «Ich komme!»
Inzwischen hatte Otmar die Jungen geweckt, an die Tür der Mädchen geklopft, hatte sie alle mit der Alarmnachricht aufgeschreckt und zog sich an. Sieben Minuten später rannten sie zu sechst die Straße hinab zum Inselbahnhof: Frau Glardon, Otmar, Dirk, Sabine, Evelyn und Kurtchen.
Es war noch immer kalt. Der Himmel war grau und sah nach Regen aus. Der Wind hatte wieder nach Südwesten gedreht und roch nach Schlick.
«Hat Pelle euch gehört?» fragte Frau Glardon Dirk.
«Nein», erwiderte der Junge, «er schläft ganz zusammengerollt und hat den Kopf unter der Decke. Der würde nichts hören, wenn die Welt unterginge.»
«Warum rennen wir denn zum Bahnhof?» fragte Evelyn.
«Ich hab angerufen», sagte Frau Glardon, «sie bringen uns raus zum Anleger. Mit den Rädern oder zu Fuß schaffen wir es ja nicht so schnell.»
Tatsächlich ratterte, als sie um den Bahnhof bogen, dort schon fahrbereit die kleine Lokomotive vor einem der bunten Wagen.
«Einsteigen, Herrschaften!» rief ein molliger Bahnschaffner mit rotem Gesicht.
Sie kletterten in den Wagen, da kam die Dorfstraße herab ein

Mann geradelt, der eine weiße Schürze umhatte, eine hellgraue Hose trug und wie ein Bäcker aussah. Es war auch ein Bäcker.
«He», schrie er, «nehmt mich mal mit. Wir können mit meinem Boot hinter dem Pferd her. Oder wollt ihr ihm nachschwimmen?»
«Herr Gerdes!» rief Frau Glardon. «Woher wissen Sie denn ...?»
«Per Telefon», sagte Bäcker Gerdes, «Hanssen hat mich angerufen. Da hab ich gleich alles stehn und liegen lassen ... da muß doch wenigstens ein Boot hinterher. Ist es denn eins von Ihren Pferden?»
«Ich weiß noch nicht», sagte Frau Glardon. «Aber wir werden es gleich sehen. Denn wir haben heute nacht alle auf die Winterweide getrieben – und da kommen wir ja gleich vorbei ...»
Die Lokomotive hatte sich in Bewegung gesetzt. Ratternd fuhr der ‹Sonderzug› durchs Dünengelände. Noch bevor sie zur Winterweide kamen, sah Otmar, was passiert war: «Jörp ist weg, Mutter!» rief er.
«Ich hab es befürchtet!» sagte Frau Glardon.
Die Stute hatte den Zaun der kleinen Quarantäneweide, auf die sie heute nacht von ihnen getrieben worden war, durchbrochen. Der eine Pfosten war umgefallen. Der Stacheldraht lag im Gras. Das Tier war verschwunden.

Von diesem Augenblick an ging alles unheimlich schnell, wie in einem der alten Stummfilme, wo die Leute so fix und ruckartig laufen, die Autos in irren Geschwindigkeiten um Kurven rasen und alles, was sich bewegt, wie aufgezogen wirkt.
Am besten wird sein, wir lassen Dirk, Sabine, Evelyn und Kurtchen selber über die aufregenden Ereignisse berichten. Denn das taten sie auch zwei Stunden später, als sie auf Pelles Bettrand saßen, zwei links, zwei rechts, und dreckig, naß und müde versuchten, dem zwangsweise Zuhausegebliebenen den Ablauf der Ereignisse zu schildern. Sie redeten alle durcheinander, so daß Pelle zunächst

überhaupt nichts kapierte – bis ihm der Geduldsfaden riß: «Quatscht doch nicht immerzu alle auf einmal! Da kann kein Mensch verstehen, was los ist! Ich höre immer bloß ‹Wasser› und ‹Jörp› und ‹Stangen› und ‹Island› und ‹Bäcker Gerdes› und was weiß ich. Ihr könntet genausogut Chinesisch reden, das würde ich ebensowenig verstehen. Kann denn nicht mal einer hintereinanderweg erzählen, zum Kuckuck?!»

Die vier sahen sich an.

«Erzähl du!» sagten sie gleichzeitig – wie aus einem Munde. Pelle wollte sich ausschütten vor Lachen.

«Erst quasselt ihr alle miteinander und durcheinander», sagte er, «und dann schiebt jeder dem anderen den Schwarzen Peter zu. Nu mal los, Leute! Ich will endlich wissen, was eigentlich los gewesen ist!»

Evelyn fing an: «Daß wir um drei Uhr schon mal los sind, hast du ja wohl mitgekriegt, Pelle ... oder?»

«Ja», sagte Pelle, «das hat Kurtchen mir schon erzählt. Ich hab überhaupt nichts gehört. Ich glaub, der Doktor hat mir 'ne Holzhammerpille verpaßt – so hab ich geschlafen! Aber der Fuß tut nicht mehr so doll weh wie gestern.»

«Gut», fuhr Evelyn fort, «und dann haben wir alle von halb fünf an weitergeschlafen, nachdem die Pferde in Sicherheit waren. Aber um acht, oder kurz nach acht, hat ein Fischer vom Anleger aus Otmar alarmiert: Stell dir vor, Jörp, die Stute, um die sich Frau Glardon immer so Sorgen gemacht hatte, die war ausgebrochen aus der Weide – mitten durch den Zaun! – und war zum Strand gerannt und dort ins Wasser und losgeschwommen!»

«Wohin wollte sie denn?» fragte Pelle.

«Otmar meint, sie hätte wahrscheinlich Heimweh – vielleicht nach ihrem Fohlen, das in Island geblieben ist, oder nach der Herde – das wissen wir nicht. Jedenfalls ist sie rausgeschwommen – Himmelsrichtung Island!»

«Ich werd verrückt», flüsterte Pelle, «aber das hätte sie doch nie geschafft – oder doch?»

«Nein, nie», sagte Evelyn, «Pferde können bestenfalls mal ein paar Stunden schwimmen. Und Jörp war auch nach einer Stunde schon ziemlich fertig. Sie hätte bestimmt bald die Kraft verloren und wäre einfach untergegangen. Aber das ist ja nun zum Glück nicht passiert. Das war wirklich unheimliches Glück! Wenn die Leute sie am Strand nicht gesehen hätten, wie sie ins Wasser lief, wenn der Fischer Hanssen nicht gleich geschaltet hätte und hier bei Glardons angerufen hätte, wenn wir nicht die zwei Boote und das kleine Motorboot gehabt hätten – dann wäre sie nicht zu retten gewesen! Wir sind mit einem Extrawagen der Inselbahn alle zusammen vor zum Anleger gefahren – ja, und der Bäcker aus dem Dorf war auch noch mit dabei! – so wie er aus der Backstube losgelaufen ist, mit Schürze und noch Mehl im Gesicht ... Als wir ankamen, sahen wir Jörp schon ein ganzes Stück weit draußen schwimmen, das sah bös aus, so weit weg! Aber dann ist der Fischer gleich los mit seinem Kutter und Bäcker Gerdes mit seinem Boot und noch ein Mann mit einem Segelboot mit Hilfsmotor ... alle sind losgetuckert. Frau Glardon und Otmar und wir vier hatten uns verteilt. Kurtchen und ich waren auf dem Fischerboot mit –»

«Du mußt auch das mit Wuff nicht vergessen!» unterbrach Kurtchen.

«Ach ja», sagte Evelyn, «richtig! Stell dir vor, Pelle, als wir alle am Anleger ankamen mit dem Sonderwagen der Inselbahn, da hüpfte Wuff, der ja natürlich mitgelaufen war, als erster aus dem Zug und raste wie ein Verrückter bellend auf ein zweites Fischerboot los, das dort vor Anker lag. Und da kam ein lustiger alter Fischer aus der Kajüte oder Kombüse oder wie das heißt und pfiff und rief und winkte mit den Armen. Wuff jumpte mit einem gewaltigen Sprung über die Reling auf den Kutter und sprang an dem Mann hoch und leckte ihm das ganze Gesicht ab. Und der Fischer freute sich und rief immer – ‹Alter Ausreißer, alter Rumtreiber, wo biste denn nun wieder gewesen, du Satansbraten!› – ja und das war also sein Hund. Sie haben vor fünf Tagen schon mal eine Nacht hier am Spiekerooger Anleger gelegen, und da ist Wuff, der eigentlich Kud-

del heißt, an Land und wohl hinter einem Hasen her – weg war er und kam auch nicht wieder, als sie am nächsten Morgen früh auslaufen mußten ... doll, daß wir ihn zufällig mitgenommen hatten, als auch gerade der Fischkutter seines Herrn wieder da lag, nicht wahr!»

«Ja», sagte Pelle, «prima. Aber ich hätt mich ja auch gerne noch von ihm verabschiedet – wo er mir doch so ungefähr das Leben gerettet hat, nicht! – Nun weiter, was war mit dem Pferd!?»

Evelyn fuhr fort. Sie erzählte, wie sie also mit drei Booten hinausgefahren waren, hinter dem schwimmenden Tier her, das schon anfing müde zu werden und langsamer schwamm. Sie erreichten es kurz vor dem Brandungsstreifen zwischen den Inseln. Wenn es dort hineingeraten wäre, hätte es sicher die Kraft nicht gehabt weiterzuschwimmen. Zunächst versuchten die drei Boote, das Pferd einzukreisen und nahe heranzufahren und es an Mähne und Schwanz zu packen. Aber das gelang nicht, weil Jörp sich jedem Zugriff entzog, wild mit den Augen rollte, schnaufte und durch jähe Wendungen immer wieder außer Reichweite war. Kurtchen hatte den Einfall, ins Wasser zu springen und neben dem Pferd herzuschwimmen und es auf diese Weise sachte in Richtung Strand zu lenken. Er war auch schon drauf und dran, sich Hemd und Hose auszuziehen. Aber der Fischer erhob Einspruch:

«Das Wasser ist zu kalt, mein Jung!» sagte er. «Da bist du in zehn Minuten blaugefroren! Und außerdem läßt sich so 'n Pferd überhaupt nicht lenken im Wasser. Das läßt dich gar nicht in seine Nähe. Bleib du man schön an Bord.»

«Aber wie sollen wir es denn kriegen?» hatte Kurtchen verzweifelt gefragt.

«Treiben!» hatte der Fischer geantwortet. Und dann hatte er sich rufend mit den zwei anderen Booten verständigt, und sie hatten die erschöpfte Stute links und rechts flankiert und – mit dem Motorboot des Bäckers hinten – langsam in die entgegengesetzte Richtung gedrängt und so lange begleitet, bis sie wieder Boden unter den Füßen hatte und an den Strand lief, nein, richtiger: taumelte.

Otmar war aus dem flachen Motorboot heraus- und durch das knietiefe Wasser hinterhergesprungen, hatte dem Pferd – ohne daß es sich im mindesten wehrte – ein Halfter über den Kopf gestreift und führte es behutsam, Schritt für Schritt, auf die Dünen zu, während die drei Boote umdrehten und zurück zum Anleger fuhren.
«Ja, das war es, und jetzt steht es in der Remise und hat Kraftfutter gekriegt, und Frau Glardon hat seine Wunden mit Puder und Salbe behandelt», sagte Evelyn.
«Wunden?» fragte Pelle.
«Es hat sich – wahrscheinlich beim Durchbrechen durch den Stacheldraht – an den Flanken das Fell aufgerissen», sagte Dirk, «das muß behandelt werden, damit es sich nicht entzündet.»
«Und was soll nun werden?» fragte Pelle.
«Frau Glardon hat gesagt, daß sie nächste Woche einen Hengst auf die Insel bekommt», erklärte Kurtchen, «und sie hofft, daß wir bis dahin Jörp wieder so weit in Ordnung haben, daß sie zu dem Hengst gelassen werden kann. Und wenn sie dann ein Fohlen erwartet, verstehst du? – dann hat sie wahrscheinlich auch nicht mehr so 'n Heimweh und bleibt hier.»
«Aber die nächsten fünf, sechs Tage soll immer jemand bei ihr bleiben», sagte Dirk.
«Wir haben schon einen richtigen Wachdienst eingeteilt», erklärte Sabine, «immer zwei für zwei Stunden – Tag und Nacht.»
«Das kann ich auch mitmachen», sagte Pelle, «dabei brauch ich ja nicht zu laufen.»

So kam es, daß unsere fünf: Pelle, Evelyn, Dirk, Sabine und Kurtchen, einen Teil ihrer Tag- und Nachtzeit im Stall neben der Stute Jörp verbrachten. Da sich noch ein paar Jungen und Mädchen aus dem Dorf zum Wachehalten gefunden hatten, war jedes der Kinder alle acht Stunden zwei Stunden dran – und das war immer was Besonderes neben dem alltäglichen Pferdepflegedienst, neben dem Reiten und dem normalen Tageslauf. Manchmal hatten die zwei, die Wache halten mußten, noch Gesellschaft von anderen, so daß sie zu viert waren oder zu noch mehreren. Sie saßen dann an der Seite des Verschlags im Stroh und erzählten sich Geschichten, wahre und erfundene Geschichten, Abenteuer- und Schulgeschichten – das war manchmal lustig und manchmal so spannend, daß sie rote Backen kriegten, und manchmal so gruselig, daß sie sich auf dem Heimweg eng beieinander hielten, zumal abends, wenn es schon dämmrig oder dunkel geworden war.

Jörp hatte offensichtlich die dauernde Gesellschaft gern. Sie fing allmählich an, regelmäßiger zu fressen, und ließ sich von Frau Glardon, von Otmar, Kurtchen und Evelyn sogar leise den Hals klopfen. Ihre Wunden heilten gut ab. Es würde sicher möglich sein, sie mit dem Hengst zusammen zu lassen.

Pelle durfte nun auch wieder aufstehen und humpelte zwar noch ein bißchen, war aber immer dabei.

Am Abend des vierten Tages nach dem Sturm und Jörps Ausbruchsversuch saßen Pelle, Dirk, Sabine und Evelyn neben Jörp im Stroh. Eigentlich hatten nur Pelle und Evelyn Wache, aber Dirk und Sabine leisteten ihnen Gesellschaft. Kurtchen half Otmar, den Zaun an der Quarantänewiese zu reparieren.

Sie hatten erst von diesem und jenem geredet, waren vom Hundertsten ins Tausendste gekommen und saßen nun so herum, blödelten und flachsten und alberten – wie man es tut, wenn man keine Lust hat, große Probleme zu wälzen oder über irgendwas nachzudenken, was schwierig ist.

In eine kleine Pause hinein sagte Sabine plötzlich: «Habt ihr euch eigentlich schon mal überlegt, wie das werden soll, wenn wir wieder nach Hause fahren?»

«Was soll da werden?» fragte Pelle erstaunt. «Ich muß wieder in die Schule und zusehen, daß ich die Kurve kriege und nicht backen bleibe ...»

«Und du?» wandte sich Sabine an Evelyn.

«Ja, ich ...» überlegte das Mädchen, «... was soll schon sein? Ich hock mich wieder zu Knullebeen ins Schulzimmer ... und freu mich auf die nächsten Ferien.»

«Bei uns wird auch nix weiter passieren», sagte Dirk, «was soll die Fragerei, Bine?»
«Ich hab nur so gedacht», erwiderte Bine, «was wir tun könnten, daß Kurtchen da aus dem Waisenhaus wegkommt oder so was.»
«Da können wir nichts tun», sagte Pelle. «Höchstens, daß dein millionenschwerer Vater ihn kauft, Evelyn!»
«Schönen Dank, daß du wenigstens nicht mehr Äffchen sagst», meinte Evelyn, «wenn du auch über meinen Vater lästern mußt. Aber ich weiß nicht, ob er Kurtchen adoptieren könnte oder wollte – und ob das überhaupt so leicht geht... und ich weiß nicht, ob das gut wäre für Kurtchen. Stellt euch mal vor, in zwei Jahren muß ich weg in das Schweizer Internat – dann ist er ganz allein bei uns, nachdem er gewöhnt ist, mit so vielen zusammen zu sein... und ich bin ja auch gar nicht sicher, ob das so gut ist bei uns. Mein Vater ist kaum zu Hause. Meine Mutter hat ihre Bridge-Damen und ihren Friseur und Masseur und was weiß ich im Kopf – Eltern hat Kurtchen da auch nicht, die sich um ihn richtig kümmern. Da kommt er vom Regen in die Traufe...»
«Aber 'ne goldene Traufe», sagte Pelle.
«Findest du das besser?» fragte Dirk. «Das kapier ich nicht, wo du noch vor ein paar Tagen Evelyn angemotzt hast, daß sie eine Ausbeutertochter ist – oder wie war das?»
«Hör doch auf!» sagte Pelle. «Das stimmt ja – aber sie kann nichts dafür!»
«Seid nicht doof», schaltete sich Sabine ein, «ich will mit euch drüber nachdenken, ob wir was für Kurtchen tun können, und nicht mit euch streiten, was Evelyns Vater Gutes oder Schlechtes macht, zum Teufel!»
«Recht hat sie!» sagte Pelle. «Und ich hab 'ne Idee, Leute!»
«Raus damit», sagte Sabine.
«Wir fragen mal Frau Glardon, ob sie Kurtchen nicht hierbehalten kann!»
«Für immer?» fragte Dirk.
«Warum denn nicht?» sagte Pelle.

«Doll!» rief Evelyn.
Zwanzig Minuten später kam Kurtchen mit Otmar zur Ablösung. Er wunderte sich ein bißchen, daß die vier anderen ihm so herzhaft die Hand drückten und ihn so komisch anguckten, aber dann hatte er gleich so viel damit zu tun, Otmar beim Einreiben der Wunden Jörps zu helfen, daß er das schnell vergaß.

Evelyn, Dirk, Sabine und Pelle saßen inzwischen vor Frau Glardons kleinem Schreibtisch, der – mit Papieren und Broschüren, Drucksachen und Briefsachen übersät – im großen Zimmer stand, und drucksten herum, weil sie nicht wußten, wie sie ihre Idee anbringen sollten.
«Was ist denn los?» fragte Frau Glardon. «Ihr sitzt rum wie die Hühner im Regen. Gibt's was? Habt ihr was auf dem Herzen? Nur nichts Schlimmes, Freunde – mein Bedarf an Aufregungen ist gedeckt. Also bitte, raus mit der Sprache!»
Pelle faßte sich ein Herz und brachte den Plan vor.
Frau Glardon ließ ihn in Ruhe ausreden. Nur das Lächeln in ihrem Gesicht wurde immer strahlender.
Als Pelle fertig war, zog sie die Schublade des Schreibtisches auf, nahm einen beschriebenen Bogen Papier heraus und gab ihn Pelle.
«Lies mal vor, Pelle», sagte sie.
Pelle begann zu lesen:
«Sehr geehrter Herr Doktor Reibetanz,
ich bin Ihnen dankbar, daß Sie mir auf meinen Wunsch hin Ihren Pflegling Kurt Knoll geschickt haben, damit er hier auf unserer Insel und mit uns auf dem Islandhof Ferien machen kann. Ich habe selten einen so netten Jungen kennengelernt, der auf Anhieb einen so guten Kontakt mit uns allen und auch mit unseren Tieren gefunden hat.
Da ich weiß, daß Kurtchen keine Eltern mehr hat, überlege ich nun, ob ich ihn nicht für ganz hier aufnehmen könnte, was ich herzlich gern tun möchte. Bitte ...»

Weiter kam Pelle nicht mit dem Vorlesen.
Er schluckte, guckte Frau Glardon an und guckte die drei anderen an – und dann brachen sie, als hätten sie's geübt, alle gleichzeitig in ein so lautes Jubelgeschrei aus, daß die Gläser in der Vitrine nebenan in der Küche klirrten ...

R 10/84

rotfuchs Bücher für Leseanfänger

Freude am Lesen sollen die vier spannenden Geschichten wecken, die der Schulpsychologe Rudolf Müller schrieb. Die dreizehnjährige Irene Müller zeichnete dazu viele Bilder. Den Kindern helfen: Große Schrift, große Wort- und Zeilenabstände, einfache und häufig wiederkehrende Wörter, kurze Sätze, wörtliche Rede in Sprechblasen. Band 313
Für Kinder mit Leseschwierigkeiten

Siebzehn Kinder erzählen von ihren Erlebnissen in den Ferien und in der Schule, von dem, was ihnen in der großen Stadt und beim Autofahren begegnet ist. Ein Geschichtenbuch, in dem Kinder sich und ihre Umwelt wiedererkennen.
Band 347
Großdruckschrift

Eine neue Folge mit sieben spannenden Geschichten, dazu viele Bilder, die die Texte ergänzen und die Personen charakterisieren.
Band 352
Für Kinder mit Leseschwierigkeiten

Gruselspaß und Räuberabenteuer, pfiffige Kasperlerlebnisse und Vergnügliches zum Einschlafen und Träumen sind hier zu einem bunten Geschichtenstrauß zusammengestellt. Band 370
Großdruckschrift

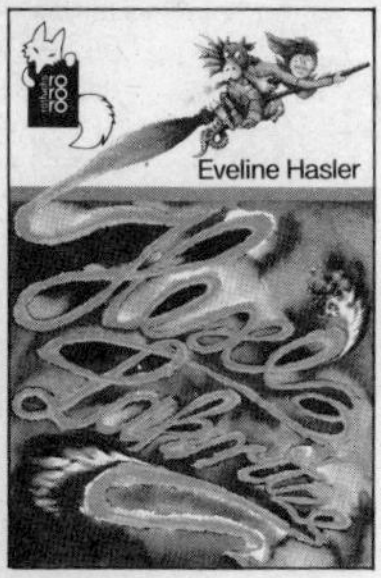

Auch einem Hexenmädchen wie Lakritze fällt es oft schwer, früh aufzustehen, um pünktlich in der Schule zu sein. Selbst der Wunderwecker vom Zauberlehrer und der neue Hexenbesen helfen nicht immer, wenn man noch sooo müde ist. Die große Schrift und die optische Einteilung des Textes in Sinnschritte helfen den Leseanfängern. Band 273
Für Kinder mit Leseschwierigkeiten

Gar zu gern wäre der kleine Besenbinder Josef Pistulka ein großer Räuberhauptmann. Doch das Räuberleben ist gefährlich. Mit knapper Not entkommt er dem eifrigen Polizeigeneral Bobek. So zieht Josef nun lieber mit Edes Leierkasten durchs Land und singt die «ungeheuerliche Geschichte von dem berühmten Räuber im finsteren Wald».
Band 6
Großdruckschrift

R 18/85

Ingeburg Kanstein

Bd. 155

Bd. 254

Bd. 311

Bd. 338

R 15a/85

WUNDERLICH
Kinderbücher

Mit farbigen Zeichnungen
des Autors
64 Seiten.Gebunden

Illustrationen von
Reinhard Michl
128 Seiten mit farbigen
Zeichnungen
Gebunden

Illustrationen von
Hansjörg Langenfass
160 Seiten mit 15 Strich-
zeichnungen
Laminierter Pappband

Roald Dahl
Hexen hexen
Illustrationen von
Amelie Glienke
Deutsch von Sybil Gräfin
Schönfeldt
192 Seiten mit 90 Abbil-
dungen
Laminierter Pappband

Hermann Moers
Die Reise nach Unisonien
Eine phantastische Ge-
schichte. 160 Seiten mit
Illustrationen
Laminierter Pappband

C 2265/1

Hermann Moers

Band 366
ab 6 Jahre

Band 404
ab 12 Jahre

Ein Wunderlich-Kinderbuch

160 Seiten mit Illustrationen
Laminierter Pappband

Ludwig, der alte Puppenspieler, hinterläßt vier lebendige Puppen, als er stirbt:
Sonja, die eitle Tänzerin; Harald, der Kapitän mit dem Ordnungstick; Wendel, ein Clown, der nur an andere denkt und von sich selbst nichts hält, und Berta, die kluge Ärztin, die sich auf niemanden verlassen mag. Was sind das für Wesen, die es nicht miteinander aushalten, aber ohne einander nicht leben können?

C 2184/1

rotfuchs Spiele- und Beschäftigungsbücher

Eine Kiste für junge Krimi-Fans, randvoll mit kleinen Gaunereien, großen Ganoven, Gangstern und Geheimnissen, Lug und Betrug. Verpackt mit vielen Kurzkrimis, Ratekrimis, Comics und Bildgeschichten. Riecht schwer nach Spannung und Unterhaltung – auch ohne Gewalt und Blutvergießen!
Band 409

Über 200 Seiten mit Witzen, Reimen, Rätseln, lustigen Geschichten und vielen, vielen Bildern. Die Witzekiste ist keine Mottenkiste. Zwar sind gute alte Witze dabei, aber vor allem neue: zum Schmunzeln, Leiselachen, zum Lautlachen, amüsierten Nachdenken. Tip: nicht mehr als zehn Witze nacheinander lesen. Sei der elfte noch so stark, er bringt dich nicht mehr zum Lachen. Band 253

Überall sind sie: Am Strand, im Sperrmüllhaufen, in der Rumpelkammer: Puppen – oder besser, Wesen mit besonderen Eigenarten. Scheppernde und schlurfende, staksige und struppige. Dieses Buch zeigt, wie man mit merkwürdigen Gegenständen spielt und wie man mit dem kleinsten Puppentheater der Welt auf Flohmarkt-Tournee gehen kann.
Band 310

Kriminalkommissar Siegfried Knack ist Rätseln auf der Spur. Auf über 200 Seiten knobelt, drudelt, rätselt und rät der findige Kommissar. Die Witwe Simon hilft ihm bei seiner kniffeligen Beschäftigung. Gemeinsam knacken sie alle Rätselnüsse. Die leichten mit der linken Hand. Die schweren zähneknirschend. Am liebsten aber die lustigen. Denn bei diesem Rätselbuch darf auch gelacht werden.
Band 290

Ein «kleiner Ratgeber» für Zauber- und sonstige Trickserelen. Alle Tricks und Tips sind mit verständlichen Anleitungen beschrieben und bebildert. Schon bald wird es dem lesenden Zauberlehrling gelingen, seine Mitbewohner, Mitschüler und Geburtstagsgäste zu verblüffen. Band 119

In dieser «Zauberkiste» stecken: Knalltüten und Schmuggelkarten, hüpfende Armreifen und haarige Sachen, spielende Gaukler und kochende Hexen, eine Leseratte, ein Bücherwurm und noch viele äußerst geheime Geheimnisse. So wie ein echter Zaubermeister Tauben und Kaninchen aus dem Hut holt, so kann der Zauberlehrling mit ein wenig Simsalabim alles aus der Kiste zaubern.
Band 319

Wer weiß, wie man «Kalten Hund» zubereitet oder «Plombenzieher» herstellt? Wer weiß, daß es außerdem Süßigkeiten und Leckereien gibt, die auch noch gesund sind? – Diese Küchen-Comics enthalten viele Anregungen für Schulpausenbrote, Picknicks und Parties, für Ausflüge und Naschnachmittage mit Freunden. Band 212

R 5/82